哈佛媽媽的
海豚教養法

醫學博士超過15年潛心撰寫，
從內在驅動孩子迎向21世紀的關鍵技能！

席米・康 Dr. Shimi K. Kang◎著
洪慈敏◎譯

目錄

前言

面對心中的老虎

我又遲到了。每次載孩子去上鋼琴、足球和游泳課好像都會遲到，腦中千頭萬緒。電子郵件還沒寄、工作要趕在期限內完成，還得去超市採買，待辦事項怎麼做都做不完。心想：「我需要咖啡因！」可能還不小心脫口而出。隨著焦慮程度升高，神經變得緊繃，頭也開始痛了起來。咖啡將加劇這些症狀，但我已經管不了那麼多了，只想抗拒睡魔的甜蜜誘惑。

變換車道看後照鏡時，順帶瞧一眼坐在後座的兒子。他看起來無力、眼神空洞又迷惘，我的心揪了一下，甚至痛了起來。

「寶貝，怎麼了？」我問。

「媽，」他疲倦的嘆口氣，用蚊子般的聲音說，「我不想去上鋼琴課，我只想回家玩。」我的心更痛了。兒子只想像一般孩子一樣玩耍，而我自己不就是這樣長大的嗎？有如晴天霹靂一般，我發現這麼多活動、比賽、營隊和課程，已經把六歲兒子變成了過勞的中年男子。我是怎麼回事？為什麼要變成虎媽？「虎式教養」在近年蔚為風潮，孩子沒有玩伴、沒有選擇餘地，甚至練琴時不能上廁所。我也在不知不覺間用了相同方法，雖然它跟我的教養信念幾乎背道而馳。在車裡那個珍貴的頓悟當下，我下定決心要改變。讓兒子過正常的童年，不要成為被設定好的機器人。我要找回自己的人性，重拾活力和快樂，不要機械式的生活。我們停掉了鋼琴課，我承認我跟兒子一樣對這份重獲的自由感到興高采烈。

不過，給予孩子玩樂的自由並不像取消鋼琴課那樣簡單。我過去一直想跟他玩樂高，但兩個人都沒時間，現在我終於可以帶兒子去附近的玩具店買樂高。我還記得小時候玩樂高的溫馨回憶，蓋出房子、動物和各種天馬行空的想像。但到了玩具店，我卻找不到童年記憶中的樂高，只有特定主題與形狀的組合，附帶詳細的說明書，要你照著去拼出模型。現在玩樂高的小朋友在玩之前就已經知道會做出什麼東西了，根本不需要用到任何想像力！再者，我看到好多組合都和品牌結合，像是星際大戰樂高組、旋風忍者樂高組和神獸傳奇樂高組。反而找不到單純的色塊積木。

樂高在一九三〇年以販售木製玩具起家，一九四九年開始製造塑膠積木。在沒有說明書的時期，樂高讓孩子隨心所欲的蓋出任何他們想蓋的東西，不管是太空船、神奇魔杖、汽車、長頸鹿還是火車站。多年後才發展出輪子和人形積木等道具供孩子使用，但可以實現想像力的樂高積木本身永遠都是亮點。

到了一九九〇年初期，樂高推出主題組合，通常在聖誕節前販售，到了新年很快就被汰舊換新。這些組合價格昂貴又短命。想當年樂高組合總是可以玩個十年甚至留給下一代，現在新潮的主題組合能撐過一季就不錯了。

接下來在一九九〇年中期，樂高有了新的產品線，像是機械組合以及樂高電腦遊戲。樂高大打廣告，迅速推出新的主題組合，家長便會依照慣性買回天價積木組。沒能及時搶購或無法每季花一百美元買樂高的父母，會覺得好像對不起孩子。光是二〇一一年，就有十個新的主題樂高組上市，而且還是限時販售。

回家後，兒子打開他選的樂高組，但我們兩個對於要怎麼拼都手足無措。沒多久我拼不下去，要他去找爸爸幫忙。接著我丈夫滿頭大汗的研究說明書，好像在組裝複雜的ＩＫＥＡ家具。樂高「玩具」都不玩具了！與其說孩子「玩樂高」，不如說他們「遵照樂高說明書的步驟」或甚至「看著父母滿頭大汗的研究樂高說明書的步驟」。當然了，孩子偶爾會玩一下樂高的星際大戰太空船組（如果沒拿來展示），但為什麼不乾脆直接買一艘太空船就好，不但不用耗費好幾個小時拼湊，不會一下就弄壞，也不必花到一百美元？好吧，我離題了。

總之，我童年時期的樂高能夠激發創意和腦力激盪，而且讓人玩得很盡興！我們可以開開心心、自由自在的創造出任何東西，不會感到挫折，它也鼓勵我們成為獨立思考的領袖，而非只會聽命行事。怎麼會這樣呢？身為父母，我們為什麼會助長這種負面發展？為什麼要買跟我的核心價值背道而馳的商品？我難道不能就讓兒子到戶外挖蚯蚓？我終於瞭解我不但可以這樣做，而且必須這麼做，因為這才是孩子最需要的。

我的父母教我的課題

我很慶幸那一天開車調頭回去，把鋼琴課拋在腦後。當下決定的那一刻，我掛念著兒子，也想起了自己的患者和父母。我在許多患者臉上看過類似我兒子的憂鬱表情，小小年紀的他們是鋼琴、體操或數學天才，但內心疲憊不堪、脆弱又空虛。身為家長和監護人，看著孩子被我操得不成人樣，想起父母曾說：「兒女不屬於我們，而是屬於宇宙，只是在旅程中經過我們家，需要我們來引導。」我終於懂這些話的意思了，兒子不是「我的」財產，我的工作不是控制他，而是引導他。雖然我安排了許多教育活動，但並沒有好好引導他學習人生中真正重要的事。這樣的想法讓我發現父母對我來說有多珍貴，並思考我們的人生有多相似卻又南轅北轍。

我的雙親從印度的一座小村莊搬到加拿大，一貧如洗、無依無靠，生活沒有什麼保障。我的母親沒有受過正規教育，連小學一年級都沒讀過，但我上了全世界最好的幾所大學；父親辛苦的在白天上課，晚上靠開計程車養家活口。我疲於奔命的應付三名稚兒、逐漸年邁的父母、婚姻、家庭、全職工作、社區服務、親朋好友，還有其他數不清令我分心的雜事。我緊盯著兒子一年級的數學成績，但我十九歲錄取醫學院，我父母對我的求學過程都沒有介入。我的動力來自於他們灌輸給我的價值，而非指令。「多為自己以外的他人著想」讓我在二十一歲時到地方上的各個活動中心演說，幫我自己的慈善基金募款；「讓世界變得更好」驅使我在二十二歲時到日內瓦的世界衛生組織實習；「運用你的創意思考」啟發我為患有心理疾病加上藥物濫用的年輕人設計出一套創新計畫（全球這樣的計畫沒幾個）；「以身作則」鼓勵我擔任溫哥華兒童與青少年心理健康計畫的顧問醫療總監一職，同時在波士頓一間崛起的生技公司兼職做研究。

我從父母身上學到了最重要的人生課題。在成長過程中，我見識到他們深厚的職業道德（這一點在我的兄姊身上也看得到）、適應和創新能力，以及對家庭與社區的堅定付出。我們家不是一直都很快樂，甚至連快樂都稱不上。就跟任何家庭一樣，我們也有壓力和齟齬要面對，包括許多嚴重的問題。雖然如此，我從小到大還是感受得到家人對我的愛。我知道他們對我有很高的期盼，希望我在人生各個層面都能成功。最重要的是，他們期望我能走出自己的小圈圈，為世界做出正面貢獻。這個訊息很清楚，也融入在我們的家庭生活中：「保持對人生的樂觀態度和喜悅並啟發他人，這樣大家便可以在更美好的世界裡共榮。」這個訊息不是我父母討論出來的策略或人生教練給的建議，他們沒有時間和金錢做這種事，單純就是這樣的人，相信這樣的價值。

我的童年是今日的父母難以想像的（除非他們自己有類似的童年）。沒有任何行程、家教、練習，甚至沒有人監督我做功課。事實上，身為大家庭中最小的孩子，我常常必須自行其是。媽媽無法教我寫作業，因為她不識字。爸爸晚上開計程車時會帶著我，順便教我數學。我坐在前座，他會給我看他怎麼找錢給乘客。我沒有任何「既定行程」，從來一個也沒有。我自己去學校註冊（用「薇琪」這個名字，因為我想融入大家；我的父母在學年過了一半收到我的成績單才知道這件事。）我大部分的時間都在讀書以及玩土或玩雪。如果沒有其他玩伴或玩具，我就會和自己想像出來的朋友玩。我的父母忙著在異鄉落地生根，我有很多空閒時間可以讓想像力不斷茁壯。我在腦子裡構築出一層又一層的故事。

我的童年雖然自由自在，但不是沒有責任要承擔。我和其他兄姊學會照顧自己，幫忙做家事，買菜，編預算，還有為不會講英語的祖父母和其他親戚翻譯帳單和文件。我很忙碌，但不是忙著參加「活動」，而是忙著過現實生活。我被期待要在學校表現良好，和家人感情融洽，對朋友義氣相挺，為我的社群付出貢獻，並且總是做對人類同胞有益的事。在我十二歲的某個星期五，我問媽媽那個星期天可不可以不要去社區廚房幫忙，因為我表妹星期六生日，我星期一又有數學測驗，所以我想要星期天待在家裡唸書。我媽說：「我相信你會想辦法做好每一件重要的事。」這個訊息很清楚，而且她是對的；我的確有辦法。

我從小就很熱愛寫故事，夢想著有一天可以成為作家。但我過去認為藝術生涯是「非特權」移民家庭的子女所追求不起的。幸運的是，我找到了其他的熱情所在，也就是人腦以及它的運作方式如何受社會互動影響。我先是當學生、讀博士，接著成為精神科醫生，再來是人類動機的老師。但我相信若不是孩提時代獲得了自由也承擔了責任，我能夠達到這些成就的機率會低很多。

所以我為什麼要剝奪我的孩子這些最基本的東西呢？自由時間、責任和現實生活中的經驗都為我的童年帶來了極大快樂，也為成年之後的我創造出巨大優勢。

二十一世紀的教養與抓狂

我幫助過數以千計的人處理各式各樣的問題：壓力、家庭失和、工作與生活失衡、憂鬱症、焦慮症、成癮症、精神病和自殺傾向。因此我學會如何分辨真正的心理健康疾病和一般的抓狂行為。心理健康疾病很嚴重、很常見（每四人中就有一人）、但也可以治療；一般的抓狂行為是我們在日常生活中做的蠢事，像是邊開車邊打簡訊，不去睡飽還喝更多咖啡，和另一半爭執（覺得我們會贏），以及對兒女大吼，叫他們冷靜（然後因為罪惡感而買東西給他們）。從某些層面來看，這些狀況跟心理疾病一樣令人苦惱，而且更難改變。在過去十幾年的經驗當中，我已經磨練到可以辨別出一個人需要的是接受腦部電腦斷層掃描，新的藥物治療，或是特定的談話治療（talking therapy），因為他可能只是需要一些支援、更充足的睡眠，或是從不同角度看事情（或以上皆是）。令我大吃一驚的是，在我遇過這麼多來自各個國家和文化的人之中，不管是幼兒還是成人、街友還是名人，最抓狂也最瞎的一群就是二十一世紀的家長。有時我真想把塞繆爾‧巴特勒（Samuel Butler）的名言刺在額頭上：「最不應該有小孩的人就是父母。」我如果把它刺在手掌上那更好，這樣無時無刻都可以看得到，因為我自己也是這群家長之一。

家長會抓狂不是沒有理由的。人腦是全宇宙最複雜的東西，裡面有超過一千億個互相連結的神經元，處理我們每一個想法、行動和反應。不過，人類父母的大腦就又更複雜了，原因是它對子女人生中的每個層面都極為敏感。父母與孩子的聲音、味道、表情、肢體語言和觸碰比任何人都還要協調。人類神經科學的新研究顯示，母親的大腦在懷第一胎時會經歷巨大轉變，神經連結與再連結的數量和青春期不相上下。新手媽媽可說是在生產之後有了一個跟她看到驗孕結果呈陽性時完全不一樣的大腦。

如果這還不夠驚人，父親（或成人伴侶）也會經歷沒那麼劇烈但類似的大腦轉變，因為受到母親和新生兒費洛蒙（身體釋放到空氣裡的荷爾蒙）的影響。根據證據顯示，養父母的大腦同樣也會經歷類似過程。因此，不管是母親還是父親（或伴侶），育兒都會改變他們大腦連結的方式。這就像是重新經歷了一次青春期，而以我來看，情緒上的起伏也是少不了的。我認為這種對孩子超級敏感的現像是導致育兒如此困難的部分原因。沒有任何事比孩子的命運更快啟動人腦或讓它進入恐慌模式。如果這還不夠，孩子的大腦也一樣不斷在改變，並且對我們每一個表情、聲調、肢體語言和評語都高度敏感。就是因為親子之間有如此錯綜複雜的連結互動，我們的人生才會有這些最美好也最折磨的體驗。

教養的機會與限制

我很有興趣從科學的角度去瞭解教養如何正面和負面影響孩子的發展。我一旦發現自己有虎媽傾向，就想知道：虎媽教養是否有效？還有，什麼叫做「有效」的教養？讓我的孩子上哈佛嗎？還是養出一個健康、快樂又積極的孩子，未來成為一個健康、快樂又積極的大人？

我們應該根據確立的事實和科學來決定怎麼教育和扶養下一代，而非把某個「虎媽」或其他家長的個人回憶錄奉為圭臬。我必須更深入探究神經科學、行為健康和臨床試驗，還有我自己的直覺和根深蒂固的價值觀，才能得出結論該怎麼教養下一代。

你會覺得我有了這樣的認知，一定很清楚什麼教養方式對我的孩子最好。其實我和很多其他父母一樣，經常覺得直覺和恐懼互相衝突。如果我聽到兒子班上的同學在區域拼字比賽中獲勝，恐懼就會驅使我把正在晴天的太陽底下挖蚯蚓的兒子拖進屋裡，提早別人一百步準備大學入學考試，儘管我的直覺告訴我別這麼做！簡直是進退兩難。值得慶幸的是，我身為精神科醫師的專業能幫助我突破迷惘。

壓力和心理疾病正在不斷攀升，而十五至二十四歲的年輕人受害最深。到了二〇二〇年，憂鬱症會成為西方世界第二高的病因，僅次於心臟病。處方藥物濫用是已開發國家的十大健康問題之一，其中大學生族群的數量攀升最快。自縊身亡的年輕人數量比他殺和戰死加起來還要多。全世界有愈來愈多兒童壓力過大、焦慮、睡眠不足和失眠，還有「運動過度」造成的傷害和腦震盪以及「過度讀書」引發的肥胖甚至近視等問題。我知道這些是因為我每天都會遇到，而我也知道這個情況不能再繼續下去。我們正在扼殺我們的孩子。

我開始認為虎式教養的內容，像是過度安排行程、過度指示、過度逼迫和過度鋪路，不代表「過度教養」，一如它的別稱，而是嚴重的「教養不足」。若教養代表讓孩子未來過著富足的人生，那麼虎爸虎媽所做的遠遠不夠，而非太多。虎式教養無法打造健康的人生，我在自己的診所裡目睹過它能導致多危險的不健康後遺症；虎式教養也無法帶來快樂，我見識過老虎們有多不快樂，不論老少。虎式教養的目的不是讓孩子學會人生課題，而是為了下一場考試拚命死讀書。它忽視父母、祖父母和其他人生導師帶給我們值得感恩的價值，而這些價值能讓我們的下一代、社會和世界強韌又繁盛。

我無意指責任何父母做錯，我先承認了自己的虎媽行為。我想強調的是，我們都還是有希望。**家長不必當個控制狂，或是把孩子當作易碎的王子公主。**他們不必二擇一，看是要當個低成就的快樂兒童或高成就的悲慘兒童。我知道孩子是可以在一個非常失衡的世界中維持平衡的：聰明又快樂、具競爭力又有操守、實際又熱情、擁有技能又腳踏實地、安全又獨立、堅持又創新、成為某領域的頂尖又投入社群、具企圖心又無私。我和許多父母一樣，都希望兒女能喜歡音樂和運動，擁有熱愛的成功事業，包括在他們選擇的領域中出類拔萃，如果這是他們想要的人生。不過，孩子若沒有健康的身心靈，就無法達到這樣的平衡。關鍵條件是創造力、批判思考、高超社交技巧、正面人格以及在失衡世界中能夠適應和保持平衡的能力。每個孩子都有機會成就卓越、獲得幸福和創造意義非凡的人生。只要我們選對教養法，就能有更多孩子成長為均衡健全的大人。人生不是一場僅限於某些項目而且有人在旁邊評鑑和打分數的競賽。人生是一場高低起伏的航行，時而風平浪靜，時而載浮載沉，時而驚滔駭浪。

基於世界現況和下一代的任務，人類在地球上能夠生存與否，端賴我們今日如何教養孩子。只有二十一世紀的創新思考者能解決二十一世紀的問題，但這些人必須夠健康也夠有心才做得到。如同愛因斯坦所說的：「我們不能用製造問題時的同一水準思維來解決問題。」

為什麼要讀這本書？

我保證這本書和其他許多教養書不同，不會為你增加額外負擔。事實上，我會幫你省去很多力氣，因為教養可以是很簡單的。不過，就和多數看起來很簡單的活動一樣，像是深呼吸、熟睡、喝足夠的水，教養也不簡單。

現在你可能會想：「這位作者的意思是她知道教養的祕訣是吧？」我的答案是：沒錯，我知道教養的祕訣，而其實你也知道。教養其實沒有什麼祕訣，也沒有一體適用的教養法。如果你認為你找到了「萬靈丹」，等個幾年看看：你的孩子會改變，或是你有了另一個孩子，需要以全新的方式教養。

知道怎麼教養不代表你就會照著那個方式去做。舉例來說，多數人都知道怎麼減肥（少吃多動）。很簡單，對吧？那為什麼肥胖症不斷在全世界蔓延？為什麼會出現產值高達十億美元的減重產業？因為簡單不代表容易，想不等於做。要解決一個問題，最簡單的方式就是改變讓這個問題存在的做法。例如：要解決全球經濟危機，最簡單的方式就是不要讓借貸變本加厲；要解決環境問題，最簡單的方式就是遏止汙染。很多問題我們通常都知道怎麼解決，但難以堅定不移的實行。要改變人類行為並不容易。大部分的父母被問到教養問題時，都可以告訴你哪些教養法適用在子女、自己和家庭身上。大部分的父母在教養時都曾有過平靜、快樂和「成功」的經驗，也知道是什麼原因促成這樣的經驗。難處不是怎麼做，而是根據你所知道的方法每天實行。

現在我想問，你為什麼會挑這本書來看？第一次來我的辦公室找我的人，我也會問類似問題：「你為什麼選擇來這裡？」請注意，這是個有關「選擇」的問題。我在辦公室得到的回答包括「因為我父母逼我來」，「我沒辦法面對壓力」和「我只想要快樂」。我會跟他們說：「就算是父母逼你來，你應該也曾經違抗他們的命令吧。」所以親愛的讀者，我想問你的問題是，你為什麼會挑這本書來看？你的生活中有這麼多壓力，書架上（或平板裡）有這麼多書可以看，為什麼還要讀這本書？

我可以猜想得到，你正在從教養的思索（或甚至思索前期）階段邁入行動階段。只要進入行動階段，後面就好辦事了。這本書如何幫助你進入這個階段？答案是透過引導，而非指示。

為了達到父母真正的目標，也就是看到孩子在人生所有層面都能獲得成功，有專家的引導而非指示是比較有效的，因此《哈佛媽媽的海豚教養法》才會被設計成一本指南。我並非教養「專家」，也認為沒有所謂的專家，因為每個孩子和家長都不同，但我非常瞭解人類動機的藝術與科學，我可以告訴你，讓人產生動機的最佳方法就是引導。我和病患不是面對面坐在一起，而是肩並肩站在一起。有時我會給予指導，但引導是最有效的。沒有人喜歡被發號施令，尤其是牽涉到私人問題，像是如何過生活或養小孩。沒有人、沒有任何專家甚至父母可以從外在強加動機到一個人身上。動機必須發自內心。不管專家有多厲害、研究有多驚人、書本有多吸睛，如果無法激發你個人想要改變，那麼全都不重要。

只有你是你人生中的專家。我會從古老智慧、最新科學研究和新興全球趨勢提供你見解，並分享世界各地人們、我的病患和我自己的故事。你要怎麼運用這些資訊全由你決定。這本書不會告訴你該怎麼做，而是觸發你去付諸行動，做你想做的事。

本書的編排方式依照行為改變模式四步驟，從兩難、希望、方法到轉變。因此，就算你十分確信虎式教養不是你要的，你想直接跳到海豚教養法的內容，我還是建議你從第一章讀起，效果會比較好。你可以瀏覽過第二章，它闡述虎式教養不該存在的原因。不過，如果你能有系統的從兩難、希望，進入到方法論，到了本書最後你就有更好的心理準備來迎接轉變。

我先從健康人生的基本原則談起，因為要是沒有健康，快樂和動機都不用談了。接著，我探討教養的三個層面，我深信它們是在二十一世紀獲得成功和幸福的必勝關鍵，但卻嚴重被低估：一、玩耍和探索的世界，二、社群和貢獻的重要性，三、自我動機（發自內心）而非外在動機（來自個人以外，像是獎賞和金錢）的必要性。最後，我會討論二十一世紀不可或缺的技能，以及這些技能如何成為後盾，讓你的孩子邁向健康、快樂又成功的人生。

在整本書當中，我也會用傳統的方式提供「必做」祕訣，甚至「別做」祕訣，讓你有大量工具可以立即應用在生活上。我會以老虎和海豚的隱喻來說明。就像龜兔賽跑的故事，有時跳脫自我很有幫助，能更清楚的檢視內在。老虎的隱喻已經成為許多父母會使用的詞彙，我希望海豚也能受到關注。我們可以從海豚身上獲得許多啟示。畢竟大家都知道牠們擁有高度智慧、社交習性、愉悅性格和社群意識，接下來我會深入探討。

藉由挖掘我們的內在海豚、擺脫內在老虎，我希望能讓全世界的家長重視結構化活動和非結構化玩耍之間的平衡、競爭和社群精神之間的平衡，以及保護和獨立之間的平衡。有些父母總是從外在驅策孩子，我也期盼能藉由鼓勵讓孩子發展出強烈、健康的自我動機。只要我們馴服內在的老虎，要做到這幾點其實都不難。如果你曾望向後照鏡，深知與其讓子女趕著再去下一堂課，不如讓他們去玩，那就繼續讀下去。現在把車掉頭還來得及。

第一部

進退兩難：該當孩子的朋友，還是嚴格的管控者？

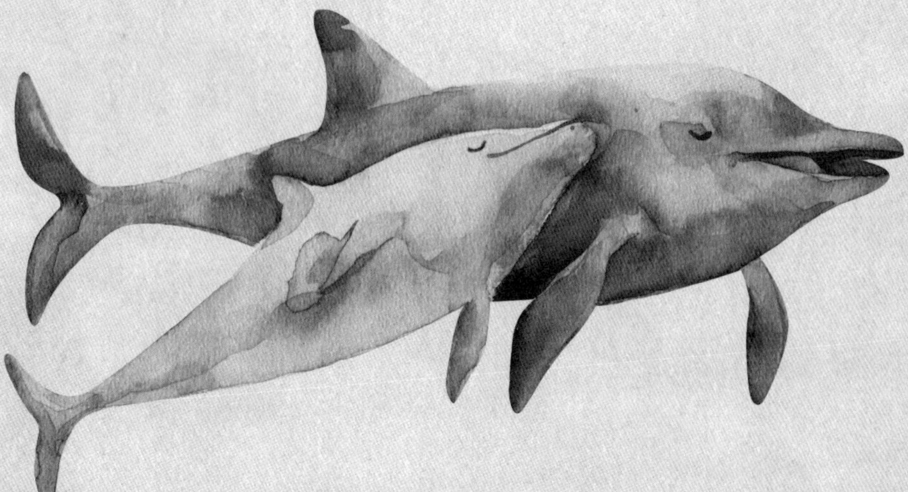

第一章

虎式教養大行其道

在執業生涯中，我有幸受邀進入到許多孩子和家庭的獨特人生。有時候，這種邀請並非直接來自病患本身。某天早晨，我的同事要我去離我家不遠的一個地址跟他會合。員警都在。我們處理兒童與青少年案件時，和員警合作很常見，但這一次很不尋常。他們請我評估一名叫亞伯特的十四歲男孩，他因為將一個女人鎖在她家的地下室而遭警方拘留。這個女人不是別人，而是他母親，亞伯特將她監禁了整個週末。母親很安全，也可以吃飯和上廁所。不過，她丈夫從國外打電話回家，無法聯繫上妻子和兒子，覺得很擔心所以報了警。出乎意料的是，員警發現亞伯特在家睡覺，房子裡到處都是垃圾食物和外帶餐盒，電視旁邊堆了一大疊電動玩具。亞伯特帶著混雜了羞愧、理直氣壯和反抗的奇妙情緒，告訴警方他為什麼要把母親鎖在地下室。

「我只是需要喘一口氣，不然壓力大到快

爆炸了。我媽一直逼我寫功課和練鋼琴，一做完又有更多的功課和練習。我知道把我媽鎖起來毫無意義，但如果不這麼做，我可能會逃家或從橋上跳下去。」

聽起來很可怕，對吧？你一定會覺得亞伯特的母親是個冷血無情的虎媽，正在摧毀她兒子的人生。不過，和任何故事一樣，我們總是得聽聽各方說法。以下是我和亞伯特的母親溫妮進行訪談時，她對我說的話。

「早在亞伯特出生前，我就有很大的壓力要讓他未來出人頭地。他和許多孩子一樣，承載了我們所有期望。在中國，如果你進不了對的幼稚園，就進不了對的國高中，也會上不了對的大學，找不到對的工作，最後人生一事無成。這種壓力甚至讓我在懷孕之前要吃對的食物，來幫助孩子腦部發展。」

「亞伯特六個月大時，我就在準備讓他申請幼稚園。到了一歲，我開始抽考他身體部位、顏色、簡單算數和字彙。我把人生重心全擺在亞伯特身上。我為他安排飲食、活動、家教，也親自教他。空閒時間我會到他的學校當志工，或蒐集資訊讓我們對他的未來能有更好的安排。我們幾乎把所有積蓄都花在他的學費以及對學校的捐款。因為有了這些投資，亞伯特的表現也出類拔萃。」

「我們知道這樣壓力很大，也不希望他不開心或太緊繃。所以我們會買最新的電動玩具、配件、糖果和速食給他，任何他想要的東西，只要他開心就好。但我認為這些東西讓他身心都變得不健康。他很不聽話，學會操縱我丈夫、我還有他的祖父母，一不順他的意就大吵大鬧。他迷上打電動，家庭作業和練習隨便應付了事，一心只想玩。他說他的人生只有這樣才能放鬆。」

「對，我瞭解他把我鎖在地下室是因為他想從作業和練琴當中喘一口氣。但我認為他也想玩那個週末剛出的最新電動玩具。我不知道該怎麼辦。他現在在學校成績很好是因為他才十四歲，但這種態度如果持續下去，未來凶多吉少。」

「他顯然已經不怕我了，我們不能一直用賄賂的方式叫他做事。他失去了動力。我很擔心他的未來，沒有人會喜歡亞伯特這樣的人，我自己也不喜歡他。我們一年前離開中國，就是因為我們厭倦這一切，想讓兒子有不同經驗。但可能太遲了吧。我不喜歡他現在這個樣子，也不喜歡自己這個樣子。希望你可以幫幫我。」

每次我講亞伯特和溫妮的故事，大家要不是心有戚戚焉的點點頭，就是批判的搖搖頭。幾個青少年病患跟我承認，他們也會幻想把父母鎖起來一個週末！美國在二〇一二年有個案例，一名青少女成功對其父母發出禁止跟蹤保護令，因為他們偷偷在她的大學校園跟蹤她，而這只是同樣故事的不同版本。除此之外，不少家長幻想過逃離他們的青少年孩子，就算是逃到自家地下室也行！這種讓亞伯特和溫妮受害的「虎式教養」現象可能已經影響到你。我要清清楚楚的指出一點：虎式教養並非僅限於特定族群。老虎家長潛伏在各處。蔡美兒的書說了很多，將虎式教養和東亞家庭連結在一起，但各種背景的孩子都一樣有可能受害於老虎家長立意良好但帶來破壞的權威體制。我在我的診所看過好幾個這樣的孩子。你可能會試圖和這種具侵略性的教養模式保持距離，或覺得自己不得不這麼做，因為你被誤導這是唯一能面對「競爭」的方式。

隨著時間過去，亞伯特和溫妮相安無事。還好他們發現到彼此都是虎式教養的受害者。溫妮覺得這種教養方式不對勁已經好一陣子，但還是深陷其中，因為她認為「其他人也都這麼做」。一旦她停止向外求解，把注意力轉回內心，她便知道什麼對她的家人是正確的，也就能做出更好的決定。她用情感連結、以身作則和循循善誘來平衡以往的發號施令和緊迫盯人，幫助亞伯特踏上真正能獲得健康、快樂和自我動機的人生道路。

二十一世紀父母的新壓力

跟溫妮一樣，今日的父母必須在各種教養理論百家齊鳴的現實中，面對施加在他們自己和孩子身上的過度壓力。有些理論從一開始就存在；有的則是在二十一世紀萌芽。我們先從今日的一些新教養法談起，它們突然來勢洶洶，讓家長不知所措。我們都會覺得有壓力要給孩子壓力，這是可以理解的。

申請入學的條件變得愈來愈嚴苛，標準化考試成績、學業平均成績（GPA）、和課外活動表現在過去一百年來逐漸受到穩定重視。現今要「確保」孩子受到良好教育就必須全家投入，從幼稚園到大學入學申請的每一個環節都不可輕忽。早在青年學子真正踏入家長夢想的校園之前好幾年，各種時間、金錢和其他資源上的投資都要先砸下去幫孩子鋪路。一旦打贏入學戰爭，家長就要開始煩惱怎麼付高額學費，調整自己的義工計畫，並監督孩子的在校表現，希望可以順利邁向下一步。好像只要走錯一步路，譬如說上了錯的幼稚園，孩子的人生就注定失敗。

接著還有全球化趨勢，導致已開發國家與中國、印度等新興國家的青年之間競爭與日俱增。現今我們的孩子在大學入學考試或工作面試中的競爭對手不只有鄰居的小孩，還有來自北京與布宜諾斯艾利斯等地的年輕人。這代表我們的孩子正在與我們所知甚少的行為標準、思維過程和成就等級相互較量。我們的孩子有辦法跟其他國家的典型背書高手、超級心算神童和拼字比賽冠軍一較高下嗎？

科技持續開創新機會，但也關閉許多扇門。主要產業像是汽車製造業、農業、甚至健康照護產業可能很快就會由機器人支配或管理。同時我們的孩子也在科技的環繞下長大，會透過它來尋求資訊、情感連結和慰藉。隨著二十一世紀向前推進，科技將擴展還是壓縮下一代的機會？我們可以確信的是，科技會繼續發展、不斷演變，也改變我們。

科技為人類帶來了更多連結性，但跟大多數的事物一樣有其利弊。親子之間能藉由手機保持聯繫是一項極大的好處（除非手機被父母用來扼殺子女的獨立性）。除此之外，研究顯示社群媒體可以幫助不擅社交的孩子感到和他人產生連結，所以不全然是壞處。但當然了，我們身為家長和教育者，有一大部分的工作是要幫助孩子瞭解和摸索現實的世界——就算只看一眼社群媒體也知道網路世界有多不真實。父母不會把自己累得要死、孩子鬧脾氣或雙方因教養問題起爭執的照片放在網路上；年輕人則不會波出自己讀書或跟爸媽共進晚餐的照片。也就是說，真實的日常生活都被努力不懈的編輯掉了。我們放的都是我們希望別人看到的美好世界（例如：百分之四十的青少年臉書使用者表示在臉書上看過朋友開趴的照片。）

沉溺在他人塑造出來的理想生活會讓你變得很不快樂。密西根州一份二〇一三年的研究觀察了臉書如何影響快樂程度以及人們如何評估個人福祉。研究員在為期兩星期的時間當中每天傳五次簡訊給受試者，請他們回答問題來評估自己時時刻刻的感受並為生活的整體滿意度打分數。研究員發現，較常使用臉書的受試者對於自己當下的感受以及整體生活滿意度都抱持較負面的態度。臉書使用者一次待在臉書上的時間愈長，下一次聯繫時感覺就愈糟。人跟人直接面對面溝通就不會導致這種負面評分。我們真的想要花時間在網路上讓自己變得那麼悲慘嗎？

接著還有媒體。二十四小時的新聞循環和無所不在的媒體都是躲避不了的焦慮製造者。我們總是不斷看到跟我們的生活毫不相關的即時新聞。兒童綁架案的新聞占據新聞版面，不是因為它們發生的頻率比二十年前高，而是因為它們能讓我們黏在電視前觀看，增加收視率。如果一個人把自己的日常軌跡拿去跟電視媒體上光鮮亮麗的「真實」人生做比較，更會讓有害的焦慮感滲透到生活中。在一個被明星名人和訪問片段支配的世界裡，我們要怎麼做自己？

廣告每天都在新領域擴散，運用愈來愈精巧的策略來將觸角伸向我們。一般人一天會接觸到高達三千則廣告訊息（透過廣播、電視、廣告看板、網路、商店以及各種媒體的置入性行銷。）廣告的基本目的是讓我們覺得好需要這項產品。它首先加強我們的恐懼和不安，再介紹產品做為緩和這些情緒的方法。我們會建立起「愈多愈好」的心態。廣告行銷也推波助瀾的把教養這件事「專家化」了（父母從何時開始需要專家了？）「小小愛因斯坦」（Baby Einstein）的例子便是如此。在強大的行銷針對父母大肆宣傳之下，小小愛因斯坦影片成為二〇〇〇年代早期的必買產品。它號稱能激發寶寶的智力發展，甚至避免神經元死亡。不過大家後來發現，小小愛因斯坦和其他「教育性」影片可能對孩子弊大於利。舉例而言，一份研究顯示，有看這些影片的嬰兒一天平均學到的字比沒看的嬰兒少七個。但這些研究結果並沒有讓數百萬計的家長停止把大量金錢、時間和精力（即使這些資源見絀）耗在他們深信對孩子「最好的」產品上。我們好像無可避免的就是會被行銷和專家影響，是不是？要記住一點，愛因斯坦本人小時候並沒有看這些影片，他也發展得很好。

家庭結構和工作型態也有巨大轉變。約百分之三十的美國家庭裡的父母必須獨力扶養小孩。單親扶養、共同扶養和沒有其他親人協助扶養的狀況變得愈來愈常見，但我們的社會結構尚未同步轉型到可以支援這些家庭。工作型態也有很大的變化：生活脫離不了職場，北美洲有一半的人口定期把工作帶回家做。身為家長，我們經常忙於自己的日常工作事項，只想把孩子送出門才能準時趕上會議。現在史無前例的已經有百分之五十的世界人口居住在都會中心，一般而言住宅和公寓都較小，沒有什麼開放空間。都市化帶來了恐懼，妄想行為在城市裡較常見，因為缺乏社會連結，鄰居彼此不認識，孩子少了探索的自由。我們對這一切似乎無能為力，對吧？

再來還有親子之間的世代鴻溝。你的孩子是不是比你會使用科技產品？是的話，你還有辦法成為他們人生中的權威嗎？根據定義，代溝由親子之間的「快速文化變遷」所造成。人類在歷史上沒有哪一個時代像現在這樣，因為日新月異的科技和緊密連結的世界而經歷如此巨大的文化變遷。如果推特是一個國家，那麼它會是全球數一數二大的。許多家長會在這裡迷失，參透不了其習俗和語言。大部分的子女甚至都比我們還會用我們自己的智慧型手機。以往的代溝存在於音樂喜好、流行趨勢或政治傾向，那些日子已經不復見。我們可能是有史以來最落伍的一群父母，所以不可能維持父母的權威地位，對吧？

二十一世紀最艱難的挑戰之一可能是獲得我們自己和子女的財務安全。在過去，我們為子女鋪的路很明確。你盡力提供孩子最好的教育，讓他們未來找到好工作，能夠自給自足、成家立業。但現在，因為上述種種因素，這樣的結果已經不是必然。白宮經濟顧問委員會（White House Council of Economic Advisers）前首席經濟學家麥可・葛林史東

（Generation Boomerang）曾說：「現在的孩子賺的錢不如父母，我認為我們正在種下讓此趨勢持續發展的種子。」即使我們重視高等教育可能也起不了太大作用。今日的年輕人被稱為「迴力鏢世代」（Generation Boomerang），由於工作前景渺茫，求學時間拉長，導致很多人到了快三十歲還在靠父母生活，而沒有大學學歷的人也愈來愈難找到工作。重點是要具備對的技能以適應千變萬化的未來職場。但你要如何幫助孩子建立起她二十年後會需要的工作技能呢？畢竟未來五年還有什麼工作會存在，誰也說不準。這些不確定性讓人坐立難安，使我們茫然無措，質疑我們賴以為生的一些基本事實。即使是最用心良苦的父母也會感到困惑害怕。

由於以上這些原因，許多二十一世紀的家長一直開啟著恐懼模式。我們沒有意識到真正的選擇，被恐懼牽著鼻子走。回想一下你最近做出的五個違反直覺的教養抉擇。我敢說這些決定幾乎都是出自於恐懼。

許多我認識的父母都受到麥爾坎・葛拉威爾（Malcolm Gladwell）撰寫的《異數》（Outliers）影響，這本書也是我最喜歡的著作之一。我已經不知道多少次聽到「一萬個小時」練習法則被用來解釋老虎行為的滿滿課表和過度壓迫，希望藉此創造出「異數」。但這是被誤導的想法，因為葛拉威爾所討論的一萬個小時練習是發生在現實世界的環境中，由熱情和好奇心驅使的學習，而非強迫和緊迫盯人的結構化活動。披頭四樂團的一萬個小時並不是去上人家安排好的音樂課，而是透過自由表演、演唱會和探索新的創作靈感來達成；比爾・蓋茲也不是透過私人家教幫他上程式設計來達到一萬個小時，而是靠自己在電腦世界裡自由摸索。再說，一萬個小時練習只是複雜異數方程式的一部分，還要考量期間和出生年份等因素。不少孩子練習了一萬個小時以上的活動，還是沒能「成功」。舉例來說，想一想有多少運動員達到了一萬個小時，但只有極少數可以出人頭地。

認清老虎斑紋

虎式教養不僅僅發生在幾個觀念極端的家庭裡。這種教養模式包含過度壓迫、拉扯、命令、指揮、安排和監督，現代很多父母都採用！想想看：你認識多少父母不會對孩子緊迫盯人、過度保護或幫他們解決太多問題？有多少父母不會覺得自己不得不送孩子四處奔波參加活動和上家教課？我們認識哪個孩子是不忙的嗎？

光看有多少隱喻（除了「老虎」）被用來形容這種盛行的侵略性教養方式就知道它有問題。「直升機」父母總是在上頭盤旋，隨時等著俯衝而下介入子女生活；「割草機」或「鏟雪機」父母永遠搶先一步替孩子排除萬難、開闢道路；「泡泡紙」（Bubble wrapper）父母覺得自己的角色就是要保護孩子，避免讓他們出現一丁點失望情緒。一位母親告訴我，她幫兒子（身高一百八十公分）買了兩套一模一樣的教科書，這樣他就不必把書背回家。如果這孩子從小到大都被保護成這樣，一輩子都不曾背過自己的書，之後上大學要怎麼進步呢？

三大教養模式分別為獨裁型（authoritarian）、縱容型（permissive）和威信型（authoritative）。很多人沒有發現，蔡美兒式的老虎父母、割草機父母、鏟雪機父母、直升機父母和泡泡紙父母全都是獨裁型父母。不管是過度命令還是過度保護，都算是教養不足。許多家長遵循一套混合命令和保護的教養法，但仍屬於獨裁型，因為他們剝奪了孩子掌控自己人生的權利。

獨裁型父母相信他們知道「什麼對孩子最好」。規則由他們訂，命令由他們下，沒得選也不准吵。中國「狼爸」蕭百佑便是父母過度命令的顯著例子。他寫的書《把他們打進北大》（Beat Them into Peking University）在中國甫上架就一夕爆紅。蕭百佑自稱是家裡的「皇帝」，在書中寫道：「我有一千多條規定：明確詳細的規範如何拿碗筷、如何夾菜、如何捧杯、如何睡覺、如何蓋棉被。如果不遵守，我一定打人……我把三名子女打進北大。」聽起來很極端，事實上也是，但那些相信自己可以為「成功」開處方而霸凌、賄賂或洗腦孩子，逼他們走上預先安排好的道路的父母，基本上也跟狼爸無異。

過度保護子女的獨裁型父母也一樣控制慾很強，因為他們有關孩子的每個細節都要管。這種密不透風的管控從嬰兒時期開始，父母不時盤旋在孩子頭上，確保孩子不會傷到自己，等到孩子大一點便開始管他們的功課、社交生活，到最後連找什麼工作都要干預。千萬別誤會我的意思，過度保護的父母絕對是一心一意對子女付出愛的。不過，太快介入孩子的生活會讓他們沒有辦法從錯誤中學習經驗，這是很必要的學習技能。太常介入也會使孩子無法發展出自我動機，難以變得獨立自主。今日許多用心良苦的父母採取了混合命令和保護的獨裁型教養法。你可能也一樣。

教養光譜的另一端是縱容型父母，他們跟獨裁型父母一樣失衡，只是方式不同。我稱這一類的父母為「水母父母」，因為他們沒有脊椎，通常會避免衝突，沒有什麼清楚的規矩。有些縱容型父母在該管教孩子時會「睜一隻眼，閉一隻眼」，有些則可能引發傷害性的行為，因為他們希望當孩子的「朋友」。水母父母在許多事情上，像是要求孩子尊重權威、社交禮節或個人價值，無法明確制定期望。他們也比較容易成為那種讓青少年子女毫無節制開趴也沒關係的父母，有些派對甚至還供應酒。水母父母的孩子顯得不負責任、衝動行事、缺乏人際關係技巧，也比較不尊重權威（包括老師、員警和教練）。他們經常在學校和職場表現不佳，比較可能從事風險較高的行為，像是酒精與藥物濫用，或是有幾年的時間（甚至更久）「誤入歧途」。水母父母的孩子常常像無頭蒼蠅一樣，毫無方向的四處遊蕩。一般而言和同儕相比，這些縱容型父母的子女（不管是兒童還是成人）可能缺乏自我控制，而且自尊、能力和自信都不足。

雖然所謂的「親密育兒法」（attachment parenting）在理論上並不屬於縱容型，但它很有可能被誤解而直接導致水母式的教養。我打從心底認同親密育兒法的基本原則，以及親子之間建立強大情感連結的必要性。不過，親密育兒法有其限制和缺點。為了將孩子養成具有安全感和同理心的成人，父母必須隨時隨地付出情感，迅速回應孩子的需求。許多相信這一套教養法的人表示，它對父母（尤其是母親）來說是大量「工作」，還可能產生過度罪惡感並感到精疲力竭。從我的經驗來看，嚴格遵從親密育兒法的家長會因為太過害怕傷害親子關係而變成最軟趴趴的水母父母。另一個糟糕的結果是，共同撫養的雙親因為無法在管理負面情緒和紀律方面達成共識而帶來巨大摩擦。真實世界並不會如此即時回應人的情緒需求，這些孩子可能會變得驕縱、自以為是或「臉皮薄」。最糟的是，這些父母自己本身都喜怒無常。他們試著無時無刻回應孩子的情緒，可能會覺得被壓垮或不被感激，導致行為不一致或難以預測。

許多現代的縱容型和獨裁型父母（除了狼爸之外，希望他們為數不多）都有一項共通點，他們過度放縱孩子。不管我們擁有什麼社經地位，一定都希望孩子得到「最好的」。可悲的是，「最好的」通常代表「更多」，也就是「過度放縱」，換一個詞叫做「被寵壞」。我們可能會不經意的翻個白眼或笑著說：「我家的孩子實在是被寵壞了。」但寵壞孩子（spoiling children）是很糟糕的一件事。劇情被透露的電影（spoil a movie）沒有看的意義；壞掉的牛奶（spoiled milk）不但喝不得還可能有毒。**寵壞不是給予太多，而是給予太少必要的東西。也就是說，寵壞孩子是對孩子的一種忽略。**

寵壞孩子是一種教養不足。「從小被過度放縱的孩子比較可能缺乏需要負責任的日常生活技巧。他們也比較可能缺乏重要的社交技巧，發展出自大性格，搞不清楚人際界線，並需要經常性的刺激與娛樂。被過度放縱的孩子具有較低的獨立性、自我依賴性與個人問題解決能力。飲食過量、亂花錢和功能不良思考（dysfunctional thinking）（像是憂鬱想法增加）的情況在這類型的兒童當中愈來愈常見。一旦這些兒童變成青年，會跟我說：「要是爸媽以前更常拒絕我就好了。」或「要是爸媽沒讓我這麼不成熟就好了。」被過度放縱的孩子在長大的過程中難以分辨「需要」和「想要」的不同。

我們正在面臨人類史上頭一遭，高經濟地位成為青年憂鬱、焦慮和成癮物質使用（substance use）的危險因數。我曾親眼見識特權帶來的效應。我認為這是因為享有特權的兒童通常活在「泡泡」裡，無法適應真實世界。高收入父母可能有非常忙碌的工作、社交生活，或兩者兼具。他們因為沒時間、精力和耐心陪伴孩子而產生罪惡感，透過安排永無止盡的活動、請來緊迫盯人的幫手或是成為縱容型的水母家長來過度補償孩子，不管什麼要求都來者不拒。此外，享有特權的孩子可能會覺得人生不需要努力，畢竟他們想要的東西不費吹灰之力就可以獲得。事實上，財富已經漸漸變得像是一種疾病。這種不舒服的症狀有時被稱為「富裕流感」（affluenza），定義是「因為拚命追求更多而導致負擔過重、負債累累、焦慮不安和浪費消耗的痛苦社會傳染病況。」特權會帶來這些負面影響可能有些令人意外，但和我的臨床經驗不謀而合。

除此之外，有些父母會產生「地位焦慮」（status anxiety），這個詞由英國哲學家艾倫・狄波頓（Alain De Botton）所提出，意指「專注於他人如何看待自己而產生的焦慮。」去在意別人怎麼看待我們是很自然的事；事實上，如果沒人在意他人想法，文明本身的基石（禮節、同情心、倫理、友誼）將會崩壞。但過度擔心他人眼光是缺乏安全感的表現。「地位焦慮」讓我們看到身分認同的形成受到「外在行為」的影響大於「內在本質」，而父母可能成為獨裁老虎，用過度放縱的方式塑造形象或身分認同。

縱容型父母在孩子尚未準備好也沒有獲得引導之前就交出控制權。獨裁型老虎家長像是直升機父母、鏟雪機父母、割草機父母、和泡泡紙父母則是從孩子身上剝奪控制權。心理學名詞「控制點」（locus of control）用來形容一個人認為人生的控制重心在哪裡，可以是內在、外在或介於中間。各類型老虎父母的孩子在成長過程中面對太多外在控制，因此認為他們的控制點位於外在。這些孩子會變得過度依賴外在環境和獎勵。也就是說，內在控制和自我動機不足。沒有父母的出發點是剝奪子女的內控能力，它可說是終身幸福和成功的關鍵所在。遺憾的是，我們許多人正在做這件事。

沒有內在控制的孩子會依賴外在控制。沒有了內在控制，自我動機也不會存在。因此，像亞伯特這樣的虎子（在前言介紹過的例子）就會變得愈來愈依賴外在獎勵來維持「動機」。此外，平衡的生活是讓自我動機持續面對新挑戰的基礎，為持久成功關鍵之處。如果生活缺乏基本平衡（例如：睡眠、運動或社交聯繫不足），自我動機便須先使用在重建平衡上，之後才能迎接新挑戰。亞伯特的案例很極端，但把媽媽鎖在地下室是他重建休息、睡眠和玩樂平衡的方式。

虎子：缺乏內控與平衡

十年前，如果我這一行的人看見一個孩子去上高級音樂學院，或是接受私人運動特訓，這代表他具有過人天賦，而且快樂又平衡。我們會替她感到開心不已，並和家長一起找出對她的未來發展和成長最有利的機會。今日，我們看到這樣的孩子就是完全不同的狀況了。我們會懷疑他是否被硬塞了太多行程，在壓迫之下被過度保護，忙到焦頭爛額。強迫孩子過早達到成就（而且愈來愈早）使他們暴露在更大的過勞、家庭壓力、失眠、焦慮、憂鬱、飲食失調和成癮物質使用的風險之中。現在對我這一行的人來說，表現過佳通常是潛在問題的「警訊」。

我來介紹一下莎拉的案例。其實你已經認識莎拉，事實上，你可能認識很多個莎拉，或希望自己的孩子能夠跟莎拉一樣，至少表面上是如此。在外人眼裡，莎拉符合所有父母夢幻的子女條件，而且已經步上「成功」的軌道。她的學業成績「高人一等」，天資聰穎又勤奮努力，還有讓一般父母讚賞不已的其他成就：她在校內競爭激烈的游泳隊占有一席之地，並修習大學先修西班牙語課程。她對自己的目標充滿「動力」，決心要上頂尖大學。但在上課、作業、游泳訓練和家教課程之間，莎拉一天只睡五至六小時。她這輩子的成績幾乎從來沒有低於A-，但情況突然急轉直下。這時我認識了莎拉，一旦我瞭解她的內心變化，才知道她並沒有走在「成功」的道路上。

莎拉的父母不是明顯的泡泡紙、割草機或直升機家長，他們對孩子充滿愛和關心，希望莎拉可以追尋自己而非父母的夢想。他們盡了所有努力為她鋪路，讓她迎向光明璀璨的未來。對莎拉的母親琳恩而言，這代表激勵莎拉追求在運動上的表現，而非跟自己小時候一樣被迫上傳統的鋼琴和數學課。莎拉到了六歲時已經在密集參加各式各樣的運動活動。莎拉的父親羅伯特則把重心擺在讓女兒獲得未來在事業上成功的教育機會。他身為小鎮勞工階級的孩子，長大後白手起家闖出一片天。不過，他認為自己要是能跟女兒現在在學校一樣獲得更好的教育，一定更有成就。對莎拉的雙親來說，提供她種種機會是愛的表現，看到女兒在這麼多活動中出類拔萃，也讓他們對自己和女兒很有成就感。

照莎拉本人的說法「人生只為成功而活」，她也顯然正在一一完成目標，可是為什麼會開始出現失眠和恐慌發作的症狀，並深受注意力不集中之苦？她為什麼會開始服用朋友的「聰明藥」（Adderall，一種用來治療注意力不足過動症的中樞神經興奮劑）來幫助她熬夜讀書時提神，並撐過早上的游泳訓練？

你不用成為醫生也知道莎拉的睡眠不足、疲勞、注意力不集中、用藥和恐慌發作會導致嚴重問題，她的健康狀況亮起了紅燈。她自己也很清楚，但她的高壓生活不允許她休息、睡覺或得到真正的幫助。求助需要耗費時間，她覺得自己沒空和學校以及體育場談談。她如果想實現「自我潛能」，就不容許一丁點失誤，她是這麼想的。

莎拉在失去了一場游泳比賽的資格之後，衝動之下吞了過量的聰明藥和奧施康定（OxyContin，一種容易上癮的強效止痛藥，她因為苛刻的體能訓練導致肩膀受傷而服用此藥以「熬過去」），因此變成了我的病患。

莎拉在我為她和父母安排的第一次療程所說過的話一直留在我的腦海中。它很重要的讓我們一窺虎子的內心。我問莎拉，為什麼她「不管怎麼樣」都想進入這所大學。

「因為，」她回答，「上不了這所大學，我的人生就沒意義了。」

莎拉深信外在環境（例如她要上的大學）決定她的人生意義和自我本質。她的雙親顯得十分驚愕，好一陣子說不出話。接著母親開口了。

「莎拉，親愛的，」她說，「我們從來都沒有強迫你做任何事。是你自己決定要把心力放在這些事情上，這是你想要追求的。」

「我知道你們從來不說，」她回答，「但你們所做的每一件事，特別是讓你們開心的事，都跟我怎麼樣去獲得成功有關。你們會感到驕傲，覺得自己是稱職的父母，還可以跟朋友炫耀。不過你們要這樣也沒關係，我沒差。我不想當個不知感恩的青少年，只是從小到大我的人生一直都被『更上一層樓』控制住。」

莎拉繼續說，她在小時候就很清楚的認知到一個淩駕於一切的訊息，那就是她必須不斷驅策自己發揮最好的表現。莎拉年僅十六歲，卻已經精疲力盡。

她講完話時，整個房間陷入一片驚愕的靜默。這時候還能說什麼呢？她的話語一字不假。她沒有譴責父母，她也不是失能家庭的產物。沒有早期童年創傷、缺乏愛、基因傾向（genetic predisposition）或任何傳統上造成焦慮和成癮物質使用的危險因數。但是這名年輕女性還是因為要達到某種程度的表現而背負了強大壓力，這種壓力並沒有幫助她做好面對目標的心理準備。她愈驅策自己，感覺就愈糟。莎拉是一名年輕、聰明、能幹又健美的女性，雖然她的父母盡力以信任和愛把她養大，但她似乎只注意到一個訊息：只有出類拔萃，你的人生才有意義。

莎拉是眾多類似案例的其中一個。以她來說，她花了兩年的時間進行密集的個人與家庭療程，加上偶爾針對憂鬱和焦慮的藥物治療，才完全改變她的生活方式。現今莎拉專注於在身心靈和社交生活之間找到平衡，以維持穩定狀態和她建立出來的自信心。這樣的平衡能幫助她適應大學高度競爭的環境，更重要的是，在二十一世紀的世界裡得以工作、玩樂和養育自己的下一代。

失衡的教養

所有人類皆有聚集、保護和競爭（特別是我們的子女）的生理驅力或直覺。這種驅力對我們的生存至關重要，缺乏的人的確不會是稱職的父親或母親。如果你沒有養育、保護子女或想盡辦法幫助他們實現自我（就像莎拉的雙親）的驅力，那麼你可能沒有盡到自己的責任。不過，所有直覺都有限制，就算是最健全的也不例外。吃飯、睡覺和性愛皆為本能行為，不難看出過度索求將會很快導致問題。教養也是一樣根植於本能，而失衡的教養直覺會引發幾種老虎行為：

過度聚集

有些人會在家裡堆滿雜物，讓自己寸步難行；有些人則是塞滿太多行程，讓人生雜亂不堪。這種行程排滿滿的行為是父母面臨的嚴重問題。我們的孩子太忙碌了！看看他們一星期的滿檔行程，棒球、棋藝、辯論什麼都有，任誰都招架不住。孩子花了太多時間在安排好的活動和進階課程上。我們不難理解為什麼家長想盡量讓孩子取得「優勢」。然而，別忘了人類天生需要休息、放鬆、睡覺、慢慢吃飯，以及對周遭世界感到好奇而探索和學習。剝奪孩子滿足這些需求的能力等於是否定他們的生存基本原則，會嚴重影響他們的動機。所有父母都知道睡眠被剝奪是什麼感覺。想想看：沒有充足休息的人怎麼可能會有「動力」？許多家長告訴我，他們讓孩子忙得不可開交是因為不這麼做的話，孩子會感到無聊或焦慮。這些父母導致子女一生都需要靠忙碌來排解無聊和焦慮，但無聊和焦慮也是人生正常的一部分。能從事興趣和運動很好，但忙到沒時間過自己的人生很糟糕。

過度保護

為了保護孩子，要父母衝進火場、瞪視灰熊、潛入冰冷河水他們都願意。不過，許多過度保護的父母不願讓孩子承擔風險和經歷人生的高低起伏，一味為他們抵擋困難、錯誤與失敗。沒錯，這個世界有時候既不公又危險，可是我們忘記了一點，讓孩子暴露在逆境、試誤與現實中正是他們獲得生存技能的方法，如此他們才能在往後的人生保護自己不受傷害。被過度保護的孩子無法發展出韌性或自我動機以解決真實的人生問題，當然也無法獲得真正的成功。

過度競爭

勝利的滋味無限美好，看到你的子女比別人優秀更是過癮。目睹女兒跟其他跑者一起衝向終點線，或是兒子全神貫注思考下一步棋，都可能讓你激動到無法自己。但逼迫孩子不計代價都要贏，或是把整個人生看做是一場競賽對任何人都沒有好處。我們很容易忘記人類是十足的社會動物，不能什麼都要「爭第一」。我們也是群體平等的一份子，在互助相讓的關係中以有意義的方式彼此連結和付出。我們希冀社會聯繫、社群、歸屬感和貢獻，至少就跟我們渴望勝利一樣。超級競爭（hypercompetitive）的老虎父母和他們的子女經常過著孤單又失衡的生活。老虎天生不是社交動物，而是獨來獨往的掠食者，可以在很少或沒有社群聯繫的情況下捕殺獵物。在大自然中的老虎可以獨來獨往，但對人類來說，一個凡事都要得第一的獨行俠難以擁有成功又能實現自我的人生。

當然了，聚集、保護和競爭在某種程度上都是必要的行為：這裡的關鍵字是「程度」。這些行為本身並不會造成傷害，但做過頭的話就會。為什麼老虎父母會把自然的行為做到如此不健康的極端程度？答案是恐懼。

人一旦感受到威脅，直覺上會戰鬥、僵立或逃跑。當老虎父母過度聚集、過度保護和過度競爭時，他們會做出現代教養版的這些知名恐懼反應。過度競爭顯然是「戰鬥」直覺；過度保護子女等同於「僵立」，因為我們把他們保護得滴水不露和為他們清除障礙時，不准他們根據自己的判斷行事，深怕他們犯錯；過度聚集行程讓我們忙得焦頭爛額、心煩意亂。我們藉由這種方式「逃離」二十一世紀的教養壓力，不去正視問題。

許多二十一世紀的父母一直開啟著恐懼模式，只依賴戰鬥、僵立或逃跑，把其他直覺拋諸腦後。我們沒有意識到真正的選擇，被恐懼牽著鼻子走。回想一下你最近做出的五個違反直覺的教養抉擇，有多少個出自於恐懼？

快速消除恐懼的方法就是「控制」。父母最容易控制的東西就是孩子的表現，於是我們把全部注意力都放在這件事上。我們急切的想看到孩子表現優異，他們表現得愈早，我們的感覺愈良好，就像戒不掉的癮。

失衡所帶來的影響

我曾在波士頓麻省總醫院的成癮精神科做研究。在那之後，我對行為背後的驅動力、動機和回報以及成癮的原因有了深層的瞭解。在醫學上，我們認定成癮的方式是觀察有沒有負面結果、失控行為和渴求症狀。我在十餘年的工作當中直接接觸到了成癮的年輕人和他們的家長，發現到自己和其他父母也有類似成癮行為。

和所有成癮症一樣，父母克制不了的掌控子女有其清楚原因：自古以來的教養壓力和前所未有的二十一世紀壓力加在一起，雪上加霜所形成的恐懼。和所有成癮症一樣，想要控制子女的欲望在一開始是很吸引人的。我們就承認吧，擁有一個「完美」的孩子感覺真的很棒。不過，我們大部分的人和其他成癮者一樣，尋求控制是因為這麼做能減輕不舒服的感受，像是恐懼。雖然控制能暫時減緩恐懼，讓我們感覺良好一陣子，但就跟所有成癮症一樣，終究會把我們吞噬。這種恐懼和控制交替的循環會綁住我們的直覺、邏輯、情緒和常識，把我們許多人心中的老虎喚醒，你我皆然。很多父母斷斷續續出現這種成癮症（例如：我還是新手媽媽的前幾年），有些人已經復原（真是鬆一口氣！）但有可能故態復萌（我的子女還沒進入青少年階段……），為數不少則是深陷其中難以自拔。

我見過孩子和家長在這種自己強加的壓力中痛苦不已，受焦慮、失眠、成癮物質使用和憂鬱所苦。我見過年輕人在應該是他們體能巔峰的期間受盡折磨，因為他們醒著的每一刻都在讀書或練習某種活動。我也見過年輕的身軀因運動過度而受傷。我曾有一名患者的腿部發生疲勞性骨折，因為她的雙親認為在田徑場上忍痛練習能向高中教練證明她有「成功條件」。另一名患者的父母則在他歷經兩次腦震盪後仍堅持要他繼續打曲棍球，因為他只差一點點就可以被選入更高層級的球隊。

我見過年輕人因為花太多時間在父母安排的家教、讀書和練習上而不得不忍受社交孤立。我見過其他案例是花了大量時間參加高度結構化的社交活動（擺在履歷上很好看！）但沒有跟人有真正的交流。我曾有過一名十七歲的患者，他的人生被「領導能力」活動填滿，但他一個知心好友也沒有。有些我協助的孩子在家裡從沒跟家人好好坐下來吃過一頓晚飯，因為大家都太忙了，累到不想跟彼此說話和或無法相處。有些我治療過的患者都達成了一心嚮往的目標，像是錄取上舞蹈學院、運動代表隊或「自己選擇」的大學，但卻快樂不起來。他們告訴我，他們覺得自己的人生只是像跑馬燈一樣過去，而不是真的在過生活。如果這樣還不算是負面結果，那我不知道什麼才是了。

我也和這些孩子的家長會過面。他們幾乎所有人都否認自己正在以任何方法、樣貌或形式控制子女。這種反應不令人意外；否定是教養的正常現實（成癮也是）。事實上，否定是教養的必要條件，不是嗎？如果每個人在教養子女（更別說是懷孕生產）時都很清楚後果，他們還會繼續這麼做嗎？

跟成癮者一樣，有些父母承認他們有時候會失控。一名家長告訴我，她對自己發誓絕對不要在女兒十六歲生日那天提起任何課業成績、長笛練習、努力一點等等有關表現的話題，但她就是忍不住。人家說所有節日無一倖免，不管是聖誕節、猶太光明節、印度排燈節還是中國新年，父母就是無法控制自己對子女的練習、功課或針對某種表現的「規劃」有所期待。

其他父母則向我承認，不管孩子表現多好，他們都還是無可抗拒（而且通常非理性）的去要求好還要更好，這一點很類似不斷索求的成癮者。如果女兒拿到頂尖的考試成績，母親會解釋成她需要上更高級的課程；如果兒子踢球踢得好，父親會解釋成需要請一名私人教練來讓兒子的球技更加精進；如果老師稱讚女兒在戲劇方面有天分，雙親會解釋成他們應該把她的表演影片寄給演藝經紀公司；如果兒子被選上代表畢業生致詞，在他連演講稿都還沒開始寫之前，父母就已經摩拳擦掌準備讓他一鳴驚人。

就跟成癮的戒斷症狀一樣，父母在孩子不讀書、不練習、不表現或不規劃人生時，有時候會感到焦慮不安。他們會出現一種想把孩子拉回來的渴望，就像過度旺盛的食慾，這種空虛只有在孩子做了我們認為可以提升他們表現的事才能被填滿。

問題在此：跟成癮症一樣，這些行為會讓我們以及子女步上疾病和毀滅的道路。我們無法幫孩子把未來的一切都規劃好，也不能控制他們做每一件事。相反的，我們在理智上要瞭解，教養是一個隨著時間過去必須鬆開束縛的過程，除了讀書、練習和操演之外，更重要的是幫孩子做好面對真實世界的準備。在那個世界中，他們可能會犯幾個錯或不時跌跌撞撞，但也會學到怎麼「解決問題」然後重新站起來。

懂得要讓孩子過平衡人生和實際上的日常作為是兩碼子事。教養可以說是在「保護」和「放手」兩種欲望之間拉扯，父母做出每個決定時又想在其中找到對的平衡。引導我們的是我們對孩子的愛，以及我們打從心底希望孩子得到最好的那種堅持。我認為老虎父母因為對的理由在做錯的事情：他們愛孩子，希望孩子能有最好的發展。如此巨大的諷刺在我的診所屢見不鮮，想讓孩子贏在起跑點的父母變成是在扯孩子的後腿；想給孩子更多的家長結果給的不足。虎式教養保證「最佳」效果，但終究可能只會遺憾的導致最糟後果。

第二章

虎爸虎媽會養出什麼樣的孩子？

在醫院的急診室，什麼事都有可能發生。有一天晚上，我正在指導醫學系實習生湯姆，突然有人請我們看一下一名由妻子陪同過來的男子，因為他產生幻覺，處在困惑的狀態。我請湯姆調出病歷，考量可能的病因，並在四十五分鐘內回報給我。過了九十分鐘後，湯姆還是不見人影，我只好擱下手邊的病患評估去找他。我很快便撞見一個令人不安的場景：湯姆站在患者床邊，那名老人正在啜泣，臉脹得很紅，看起來非常不舒服。我快步走過去讓訪談做一個結尾，過程中我發現患者因癌症治療忍受著痛苦，還問了醫生能不能起來走走。我把湯姆帶到旁邊，問他有沒有注意到患者的不適。

「這個嘛，」他說，「我還在勾憂鬱量表，還沒做完之前我不想結束訪談。」

湯姆對患者缺乏同理心的態度讓我憂心忡忡。我們完成臨床工作之後，我和他坐下來開導他。我問他今晚跟著我實習有什麼心得或問題。湯姆對方才那位患者的事隻字未提，反倒開始急切的問我驗收考試會考什麼。除此之外，當天晚上我們還目睹了其他幾個很有意思的案例，有個病人得了額葉腦瘤，另一個患有大麻引起的精神病以及縱慾無度的「性癮」（sex addict），但這些案例似乎都激不起他的好奇心。事實上，我的結論是湯姆並沒有好奇心，也不太有同理心、創造力、問題解決能力或溝通能力！我問了幾個同事對他的印象，才發現其他人也有同感。雖然很多人都試著教導湯姆該用什麼態度對待患者，但病人和主管都抱怨連連，湯姆的實習成績岌岌可危。我有些同事怎麼樣都想不透：湯姆於科學學程中以名列前茅的成績上了醫學院，還是個厲害的小提琴手，這些事實在在顯示出他是個認真、自律且擁有高智商的人。這種落差讓其他人很吃驚，但我卻一點也不意外。

我在過去十年教導醫學系和別的科系剛畢業學生的經驗當中，看到了一部分的趨勢就是像湯姆這樣。這些年輕人被稱為「酥脆族」（crisp），他們累到焦頭爛額，自我動機已經燒焦到酥脆的程度；還有「茶杯族」（teacup），這些被「泡泡紙」包覆的學生極為脆弱，一旦遇上人生第一個挫折就會應聲破碎。酥脆族和茶杯族規避風險、精疲力竭、備感壓力而且僵化死板，跟年輕人應該要有的樣子完全相反，他們才正要開啟一段追求知識的旅程。許多學業平均成績、考試成績和在特定課外活動表現高人一等的孩子，卻缺乏社交技巧、同理心以及應對進退和創意問題解決能力。這個族群的共同行為包括把患者叫醒或打斷家屬會面，因為這樣他們才能把自己的行程跑完。他們也無法隨機應變、面對現實壓力和解決意料之外的問題。在我講完課之後，學生告訴我：「現在有很多年輕人根本不想瞭解概念；我們一心只想著考試會考什麼。」有一次我在講解激勵技巧，學生問我：「我們為什麼要學激勵技巧？我們是醫生，難道病人不該乖乖聽我們的話嗎？」（對，最好是如此，我們只要說「給我減重」、「別再抽菸」或「多運動」，他們就會照做！）

湯姆顯然是個聰明的年輕人，但他在現實世界中無法應付突發狀況和團隊合作。湯姆最後因表現不佳和隨之而來的信心不足離開了醫學院。你可以想像得到，離開醫學院是他人生中一段難熬的時光。我很希望他能健康、快樂又成功，但在他適應能力不足的情況下，我還是相當擔心他。

生理和心理：生活失衡的可靠跡象

每次見到像湯姆這樣的兒童和年輕人，我總是很震驚他們的人生有多失衡。人體是很奇妙的。我們每個人都有複雜且幾乎萬無一失的警報系統，透過生理跡象告訴我們：生活失衡了。一旦忽視這些警訊，災難就會來臨。在該進食的時候，身體會讓我們感到飢餓；該睡覺的時候，身體會讓我們感到疲累。如果我們把這些提醒我們要順應生存之道的跡象拋在腦後，身體會變得很有壓力，代替訊號出現的是閃光，讓我們感到不適。舉例來說，我們如果沒好好吃飯，會變得血糖過低、暴躁易怒和健康欠佳；如果沒睡飽，則會精神不集中。要是繼續忽視或不管這些閃光，我們備感壓力的身體會失調，導致患病風險提高，像是憂鬱、焦慮、成癮和糖尿病。我們的身體會透過這些提醒、訊號、警報和異狀來直接指出生理和心理失衡了。不過，很多人不一定會去傾聽，包括我自己也是，直到跌倒受傷。

我出生時患有關節過度活動（hypermobility），意思就是我有「雙重關節」（double-join）。筋骨柔軟是很好，但身體也需要力量，而我極度缺乏。只要一點早期治療和肌肉加強便能改善狀況，但我的雙親和我都一無所知。更糟的是，青春期荷爾蒙讓我的關節更加弱化，光是膝蓋脫臼的次數就高達六次，其中一次還是平常走路時發生的。由於我的身體無法平衡，在三十歲時騎腳踏車不小心跌倒，跌斷了左手肘、肩膀和肋骨。我打了骨釘，做了兩次手術，留下了斷裂的旋轉肌袖（rotator cuff）、滑囊炎（bursitis）和慢性疼痛等後遺症。

往後十年我原本應該要定期運動並接受物理治療，但我沒有去做，讓膝蓋和左肩疼痛每天侵蝕我的人生。為了減緩症狀，我吃消炎藥來自我治療。結果長期久坐、運動不足和過去問題全部加在一起，造成嚴重的慢性疼痛症候群，徹底把我擊垮。我的右腿因為使用不足而萎縮，導致臀部旋轉，將下半身往左拉。同時我的左肩部位進一步弱化，將上背和脖子往右拉。我完全失衡，人生沒有任何一個面向可以前進（字面上和譬喻上皆是如此），直到疼痛問題獲得控制。我花了多年時間進行類固醇注射、物理治療、針灸和運動醫學的密集療程，才讓身體得以正常運作。康復之後，我對人生完全改觀。我過去因為慢性疼痛和身體不便深受絕望打擊，現在更加注意健康和過著平衡生活。人類的各個身體部位皆獨立運作但又不可分割，需要互相達成平衡，擁有強健的核心和順位（alignment），以及力量與彈性，而且這些要素在兒童和青少年的體適能發展黃金期就應調整至最佳狀態。

人類的心理也需要整合、平衡、強健的核心、力量和彈性。如同身體最快速成長的時期為兒童和青少年，大腦也是。事實上，人腦要真正進入「青春期」，女性大約要到二十三歲，男性二十五歲（沒錯，男性的確較晚成熟）。年輕的大腦比年老的大腦需要更多睡眠和玩樂時間。和身體一樣，年幼時在心理上根深蒂固的習慣比成年之後養成的更難矯正。

我來說一下泰勒的故事，他失衡的生活影響了心理健康。泰勒還小的時候就是個焦慮的孩子。這種傾向可能遺傳自他母親，她總是太過在乎「如果這樣，會怎樣」以及「其他人會怎麼想」。她對泰勒緊迫盯人，不讓他離開視線範圍，確保他「守規矩」和遠離危險。泰勒的父母逼著他打高爾夫球，因為這是安全的運動，他也從小展現出過人天分，到時申請大學入學會是一大加分。泰勒雖然不怎麼喜歡打高爾夫球，但也順從了父母的意思，因為他覺得自己別無選擇，也不想讓雙親失望。泰勒的父母不知道他並不快樂。這一家人很少對外顯露不愉快，爸媽都習慣擺出「完美」的模樣。對於泰勒的問題，在大部分的情況下他們要不是絕口不提就是快速解決。這種教養方式在泰勒小時候還行得通，但當他進入青春期之後，他的謹慎性格、缺乏問題解決技巧以及把情緒悶在心裡的習慣開始產生負面影響：生活中的不同活動開始導致他恐慌發作，像是寫紙筆測驗、打更高階的高爾夫球、認識新朋友和公開演說。每次他恐慌發作，就會失去更多自信，變得更加焦慮，特別是在社交場合。泰勒從未告訴他人這件事，開始喜歡自己躲起來，因為這樣比較有安全感，並藉由打電動和抽大麻來發洩。

泰勒十五歲時，在一場主要的高爾夫球錦標賽中恐慌發作。他的教練氣得失去冷靜，在眾人面前斥責他。泰勒覺得自己無法面對這種狀況，乾脆從此放棄打高爾夫球。光是想到要見教練或開車經過高爾夫球場都可以讓他驚慌失措。他認為自己讓父母失望透頂，他們犧牲良多，殷殷期盼他在高爾夫球上有所成就，但他不知道還能做些什麼。

泰勒的恐慌發作、焦慮和孤立情形愈來愈嚴重，他也愈來愈依賴大麻來解悶。這一切都影響了他的自我動機、專注力和記憶力。不令人意外，他的成績一落千丈。到了十八歲，泰勒上了一個他覺得「不怎麼好」的大學，但還是沒辦法應付課業。他沒有去解決這種痛苦背後的原因，也就是焦慮，反而在社交場合用酒精以及私底下在週間抽更多大麻來麻痺自己。他失去了平衡，經常性的恐慌發作讓他變得非常不健康。泰勒再也無法入睡、專心或集中注意力，最終隔絕於所有親朋好友之外。直到他完全被嚴重焦慮擊垮，連宿舍房間都出不了，才發現自己得了重度憂鬱症。他的憂鬱症持續了將近兩年，他必須接受的治療包括重大藥物管理；個別治療以改善他的個人應對技巧和問題解決能力；家庭治療以消除他對父母的罪惡感和怒氣；以及團體治療以增進他的社交自信心。過去他為憂鬱症所苦，現在他比較懂得如何處理不確定性、解決問題、管理情緒並過著平衡的生活方式。

我希望我和泰勒的例子能讓大家瞭解我們的心理和身體一樣都需要平衡。泰勒的焦慮就像我的關節過度活動：因為沒有及早處理，導致嚴重問題爆發。我如果早點進行肌肉強化，泰勒早點建立起信心，絕對大有幫助。青春期的生理化學變化讓我們兩個的問題一發不可收拾，我的情況是脫臼，泰勒則是恐慌發作。我們都經歷了一個雪上加霜的事件：我的腳踏車意外和泰勒跟教練的衝突。我們都出現了失衡的早期徵兆，但選擇忽視，自己想辦法治癒。我們都繼續過生活，直到完全脫軌。我們都耗費了極大心力重獲平衡。我們都不是故意要變得如此失衡，這和我們雙親的意思背道而馳。不過，我們沒去注意也沒修正偏離的軌道，於是生活逐漸變調，讓我們吃進苦頭。失衡在一開始可能會讓親子雙方在某種程度上獲得助益。舉例來說，泰勒的謹慎性格幫助他避免傷害自己，使他成為一個聽話的好孩子，從不搗亂。我跟他雖然不斷加強本身優勢，但會患病都是因為忽視了自我弱點。人生愈早失衡就愈難重新步上正軌。如果發生在童年的身心發展黃金期，生理和心理無法達到平衡，之後患病、疼痛和受傷的風險就愈大。

我們時常將生理和心理平衡視為理所當然，跟健康一樣。想想看我們要走路或騎腳踏車需要發展出多少神經元和連結。除此之外，心靈必須時時注意身體並隨之校正，才能在走路或騎腳踏車時保持平衡。雖然熟練之後要達到平衡看似容易，但容易不代表簡單。我們通常不瞭解校正是多複雜的一件事，有人認為我們的身體和心靈會自動校正不平衡的狀態，這種想法不完全錯誤，因為它們會在我們失去平衡時發出警訊。不過，要不要聽進去並付諸行動重獲平衡就操之在個人了，不聽的話就會摔跤。

失去平衡是現在很多孩子的通病，影響他們每天的生活。如果我們的孩子有太長的時間受到保護，就不會知道怎麼保護自己；如果我們的孩子花太多時間坐在書桌前，沒有生活在真實世界的足夠經驗，長大之後就不會知道怎麼在工作和生活之間找到平衡；如果我們的孩子花太多時間讀書或練習，沒有足夠的休息或放鬆，就會很難不要那麼緊繃；如果我們的孩子只會聽命行事，沒有時間靠自己解決問題，就會難以面對和應付自己的問題。一個在失衡狀態下成長的孩子根本不會知道平衡為何物。

我認為我們直覺上都會注意到身體發出的警訊，但心理發出的警訊卻置之不理。想像一下一名八歲兒童擁有一副肌肉發達的身軀，像是隆起的二頭肌。你身為父母的直覺會告訴你這不太對勁。你可能會說他的二頭肌看起來「不自然」，質疑他所進行的重量訓練是否有損兒童健康。身為父母的直覺告訴我們身強體壯是好事，但以人為方式加速自然的體能成長並不是。孩子的心靈也是同樣道理。把八歲兒童送去做重量訓練最終會導致發育遲緩，而剝奪童年玩樂，要求高人一等的表現，長久下來只會拖垮他們。

虎式教養的負面效果

十六歲的桑傑在追求至高榮譽、參加各種志工活動和準備大學入學考試之間不斷奔波。他來見我的時候心煩意亂又無地自容，因為大家都覺得他「很堅強」，他卻需要看醫生。我發現他在萌生自殺想法之前的三個月每天只睡五小時。他和父母都知道睡眠很重要，但他就是沒辦法在白天把所有事情做完。他的雙親很慈愛也很擔憂，但沒有引導他減少活動帶來的負擔，而是輪流熬夜陪兒子，幫他泡咖啡，任他讀書讀到睡著。他們甚至在他的成績開始變差之後，請了一個昂貴的家教幫他溫習晚上的功課。

桑傑並不需要家教來讓成績進步，他本身就很聰明，只是需要一點幫助。但他陷入了惡性循環，把每一個「領先」的機會看得太重，導致愈來愈晚睡，失去清晰的腦袋，成績也每況愈下。他覺得自己要發狂了，最後會被送進精神病院，我也同意如果他再不好好睡覺，可能就是這個下場。他不相信這麼簡單的動作能解決問題，他一向把睡眠時間挪來用在更「重要」的事情上。我向桑傑說明，睡眠不足幾乎就跟長期抽煙一樣有害健康，他便答應我會多睡一點。過了僅僅四天，他注意到他的心情、活力、注意力和精神集中皆明顯改善。過了兩星期後，他已經恢復正常，一再感謝我救了他一命，而我所做的只是建議他多睡一點。我想補充的是，這種建議是任何具備基本直覺的人都想得到的，根本不需要任何醫學背景！

在光譜的另一端，我見過無數老虎深受就寢時間焦慮（bedtime anxiety）（以及隨之而來的失眠）之苦，老少都有。因為他們太忙了，就寢時間是腦袋唯一可以處理當天各種情緒的時間。諷刺的是，許多患者告訴我，他們應付就寢時間焦慮的方法就是讓自己在白天更忙，希望能累到一碰到床就馬上睡著。

有些老虎家長讓自己的孩子忙到「不見天日」。根據報導指出，在主要東亞國家像是中國、南韓、日本和台灣，約百分之九十的兒童從小就有近視。相較之下，北美的亞裔年輕人只有百分之十至二十的比例，顯然近視的高發生率並非受到遺傳因素影響。研究員認為原因是讀太多書和花太少時間待在自然陽光底下所造成的用眼過度。小兒科醫師也看到佝僂病在東方和西方國家重出江湖，並認為原因是缺乏維生素D，它需要身體曬太陽才製造得出來。（我猜打電動也是一大原因。）如果我們的孩子總是待在室內讀書或打電動，就永遠沒有時間享受戶外樂趣。沒有呼吸新鮮空氣也不曬太陽會帶來嚴重後果。

如果你待在室內一整天，筋骨不怎麼活動，很有可能體重就會增加。兒童肥胖自一九八〇年代以來已成長至三倍之多，而且沒有趨緩跡象。兒童肥胖在歐洲和東方國家日益嚴重，近期研究顯示，兒童參與在需要久坐的結構化活動時數和肥胖有直接關聯。

兒童糖尿病也有增高趨勢，令人不禁懷疑「忙碌程度」增加、吃速食以及奔波於不同活動之間在車上吃晚餐的情形是導致糖尿病和肥胖症的部分原因。

忙碌也導致另一種就算不奇怪也很極端的行為產生。舉例來說，由於大學入學考試是中國教育體制中對人生最具決定性的關鍵考試之一，因此有些中國學生為了不浪費寶貴時間在吃飯上，讀書時會吊點滴注射胺基酸。贊同這項作法的人表示（對，我很驚訝竟然有人承認他們支持這種瘋狂行為），吊點滴讓學生省下去學生餐廳吃飯的時間來讀書。他們也認為這樣能讓徹夜苦讀的學生提神醒腦、冷靜思考。我很懷疑這種糟糕的生活方式選擇是否已經算是明目張膽的對孩子身心虐待。不管你的看法如何，孩子都正在受到傷害。

虎子無法在真實世界裡競爭

許多父母和青年現在比較喜歡從事個人運動和音樂，不願參加團隊運動、樂團或委員會，主要是因為他們覺得自己要「贏」比較容易。曾有家長告訴我，游泳、高爾夫球或單獨演奏一項樂器不用在團體裡去配合別人，比較能控制結果。一名在商學院前途看好的學生跟我說，她系上的同學都避開分組報告，因為他們比較不能控制分數。試想一下：有多少行業的運作是不需要團隊合作的？這種短視近利的狹隘觀念只著重立即表現，會嚴重損害一個人長期下來的實力。今日的世界跟過去一樣具社會性，甚至更甚以往，因為智慧型手機和電腦讓全球的相互連結更強。優秀的社交技巧很快成為履歷表上的關鍵項目，而虎子卻極為缺乏。社交技巧與社會聯繫不足不僅有損就業前景，也會妨礙一個人在各方面獲得成功。人類是社交的動物，社交技巧和社會聯繫就跟睡眠一樣，是維持健康之所需。

身體傷害

在運動和體育方面被逼得太緊、操得太凶的孩子會受傷。急診室醫生看到愈來愈多孩子受到過度使用和運動相關傷害。在二〇〇八至二〇〇九年年，有四十萬件腦損傷（腦震盪）發生在美國高中體育活動。到十九歲學生從事籃球、足球和美式足球等運動的腦震盪發生率在一九九七到二〇〇七年間增為兩倍以上，即使這些運動的參與度是下降的。

同一批醫師也會告訴你，愈來愈多父母不聽從醫生建議，沒讓受傷的孩子休息或暫停運動。這些傷害很嚴重，如果不讓受傷的孩子好好休息再回到他們被逼迫的運動場上，後果不堪設想。我看過扭傷腳踝的芭蕾舞者回到舞蹈教室；得了滑囊炎的網球員回到網球場上；閃到腰的划船員回到水上；以及膝蓋疼痛的溜冰選手回到冰上。但最令人擔憂的是受傷的曲棍球員、籃球員、橄欖球員、美式足球員、滑雪員和雪地滑板員。我看到他們患有失眠、暈眩、記憶喪失、注意力不集中、焦慮和憂鬱症，這些全都是頭部創傷沒有妥善處理的後遺症。如果一個孩子在經歷腦震盪之後不久又從事運動，常見的狀況是家長內心的老虎在作祟，使他們將受傷的孩子逼向危險邊緣，或是默許別人這麼做。不管你的孩子是「真的想要」在康復之前回到場上，或是你「感受到」來自隊伍或教練的壓力，在我看來都不合理。我們可是家長。如果連我們都不把孩子的健康放在第一位，還有誰做得到？

人格缺失

為了不計代價贏得勝利，虎式教養會教出任性、自私和不道德的孩子。作弊和其他不道德的行為日漸猖獗，已經變得愈來愈常見。在競爭最激烈的運動中，孩子常常有不管怎樣都要奪第一的壓力。年輕運動員會「幹掉」敵隊最強選手，即使這麼做可能導致嚴重傷害。媒體幾乎每天都會報導專業運動員的作弊醜聞，但我可以第一手告訴你，高中和大學運動員通常更容易作弊和使用禁藥，因為較為鬆散的管制可以讓作弊神不知鬼不覺。我常常懷疑這些專制的運動父母，對孩子的一舉手一投足都緊迫盯人，怎麼可能是最後一個知情的人。我不是說所有家長都鼓勵這種行為，但拒絕承認的影響很大。

在運動場上作弊只是不道德行為的冰山一角。不久之前，一百名哈佛學生被指控在帶回家寫的考試（take-home exam）中作弊。中央佛羅裡達大學則是有超過一百名學生提前拿到期中考考題，而且毫不後悔用它來作弊。在一九四〇年，百分之二十的美國大學生承認在高中曾經作弊；到了二〇一〇年，這個數字增加到百分之七十五至百分之九十八之間。

最近我和一名擁有三十年老經驗的教師安妮聊天，她透露教育者現在不能給學生太低的分數，更別說約束他們不要作弊，特別是在遇到老虎父母的時候。安妮告訴我，一名學生馬可的父母責怪她揭穿他考試作弊並當掉他。她認為和馬可的雙親討論這件事是個好機會，在不造成「致命傷」的情況下讓他瞭解到自己犯下的錯誤會導致什麼後果（他當時唸九年級，那次考試成績並不影響獎學金或大學入學）。可是他的父母很擔心他的名聲，以及反映在成績單上的影響，因此他們提出抱怨，要求把整件事壓下來。在壓力之下的老師和學校只好同意保留考試分數但將比重調低，馬可的成績便不會真正受到影響。更重要的是，所有跟作弊有關的痕跡全被清除得一乾二淨。馬可從這次事件當中感受到的壓力微乎其微；他的父母替他承擔了所有焦慮、壓力和替他擦屁股的成本。更有趣的是，馬可坦承考試作弊而且還怪他的老師「大驚小怪」，讓他的父母覺得他「受盡委屈」。這個例子顯示出虎式教養不顧一切只想贏和保護的心態可能導致價值觀崩潰，像是尊重、責任和道德都將蕩然無存。

就連當義工都可以和作弊沾上邊。許多年輕人當義工只是為了更容易申請上大學，甚至就這樣大言不慚的跟你說。這些「做做樣子」的學生並沒有想到，很多入學審查官一眼就可以看穿這種裝模作樣的行為。最糟糕的是，這些為了得到利益才去做義工的人，無法體會真心對社區付出貢獻的幸福感。

成癮物質使用和成癮

在十餘年的工作中，我看到為數愈來愈多的高成就年輕人使用處方藥來提升表現。加州大學一項研究發現，百分之二十的大學生承認在一生當中曾至少一次以非醫療目的使用聰明藥和利他能（Ritalin）等興奮劑，最常見的幾個原因是為了「改善學業成績」、「讓讀書更有效率」以及「提神」。其他跟學業無關的動機像是在派對上助興或用來減重則被認為比較不重要。根據我對興奮劑濫用、依賴與使用不當的廣泛研究和講課經驗，我認為這些研究結果都過於保守，而問題每天都在惡化。我看到孩子服用處方藥來延長讀書時間、打橄欖球打得更兇、在田徑場上跑得更快、為了練划船和芭蕾減重，以及熬過行程被塞爆、壓力也大到令人受不了的日子。

興奮劑（以咖啡因最常見）雖然能在短期提升表現，但長期下來的代價可能是搞壞整個身體系統。舉例來說，大腦的自然睡眠週期會變得紊亂，讓年輕人無法入睡，即使停用興奮劑也一樣。當然了，興奮劑具高度成癮性，可能一個人的生活完全失衡。我遇過也治療過太多聰明又勤奮的虎子，在不經意的情況下因為想要提神和提升運動或學業表現而對興奮劑上癮。

心理健康、自我傷害與自殺傾向

大學輔導室湧入了愈來愈多需要心理輔導的學生，從各種跡象來看，未來數十年的需求還會不斷增加。青少年憂鬱症等心理健康問題自二十一世紀初期以來上升了五倍。一項研究指出，一九三八年至二〇〇七年間，美國大學生的心理健康問題大幅明顯增加。相較於一九三〇年代和一九四〇年代的大學生，最近的大學生在憂鬱症、輕躁狂（hypomania，躁鬱症的一部分）、妄想症和心理病態偏差臨床量表上的分數高出一大截。心理病態分數超標的年輕人數量高出驚人的五倍之多。此研究嚴正表示這些結果並非由反應偏差（response bias）造成，也就是說，現在的人比過去更容易承認自己憂鬱，但不僅僅是如此。其作者表示，「研究結果最符合的模型為導向外在目標的文化轉移，像是物質主義和地位，以及遠離內在目標像是社群、人生意義以及隸屬。」。

這些結果一點都不令我意外，因為我每天都目睹這些問題日益惡化。不過，這幾個趨勢當中最讓人不安的是自我傷害。我看到太多年輕人用割的、燒的或自我毀滅來傷害自己，包括自殺未遂和自殺死亡案例。這些人通常透過自我傷害來解決心理壓力。他們藉由自殘讓腦內啡（endorphin）一時分泌，它能幫助傷口緩解疼痛。一項二〇一一年的研究報告追蹤了美國八所大學的學生，發現其中有百分之十五曾經割傷、燒傷或用其他方法傷害自己。這個行為最常發生在一天結束，這些學生該準備入睡的時候。

自殺有時是逃離壓力的悲慘終極手段。在二〇一二年秋天，新的學年開始之前，康乃爾大學在其位於紐約上州的美麗東岸校園的七座橋上安裝了鐵網。原因是在二〇一〇學年，有六名學生自殺，其中三名從這些橋上跳下來。校長大衛‧史柯頓（David J. Skorton）表示，這些死亡案例只是「冰山一角，顯示出我們以及各地的校園有許多學生正在面臨範圍更廣的心理健康挑戰。」康乃爾大學很快成為所謂的「自殺大學」，但它絕非唯一遭遇此問題的學校。事實上，康乃爾的學生自殺率和北美洲其他大學差不多，比世界上許多學校都來得低。

在中國，大學生自殺率暴增，數字為同齡非大學生年輕人的二至四倍之間；在韓國，韓國科學技術學院（Korea Advanced Institute of Science and Technology）學生會在一年中第四個同學自殺後，說了以下這段話：「我們日復一日被無情的競爭逼得喘不過氣來。由於有太多家庭作業要做，連三十分鐘都騰不出來幫助同學解決煩惱……我們失去了開懷大笑的能力。」

在印度，如果你問大學行政人員，他們會告訴你學生自殺是一個嚴重問題。一項研究發現在二〇〇六年有五千八百五十七名學生自殺；到了二〇一〇年，這個數字攀升了百分之二十六，來到七千三百七十九名（差不多一天二十名）。

當然了，自殺是一個極為複雜的議題，觸發原因通常不只一個。其實年輕人的所有心理健康問題是多方因素互相影響的結果，像是基因、早期童年經驗、創傷、頭部外傷、個性、荷爾蒙、成癮物質使用以及環境。因此我的意思不是把年輕人的所有不開心都怪到虎式教養頭上。事實上，更準確的來說，失衡的「老虎文化」才是導致我們許多人不開心的最主要原因。

最令人難過的是，有些最聰明也最有才華的年輕人正面臨自殘和自殺的最高風險。小小年紀便在學業、運動或音樂展現過人天賦的孩子會被挑選出來，被課程、家教和殷切期望壓得喘不過氣，常常不計代價都要有傑出表現。他們逐漸用成就來構築自我意識。他們的控制點變得完全在於外在。很多這種「高成就者」把任何形式（像是考試、競爭或友誼）的失敗視為大災難，而非寶貴的學習經驗。他們不知道怎麼應付失敗，也不懂失敗是人生很自然的一部分，因為他們從來不被容許失敗。除此之外，他們許多人自己也告訴我，父母和其他人對他們的自殘行為視而不見。他們說：「只要我……（考試考好、選上美式足球隊、贏得鋼琴獎牌等等），我想做什麼都行。」遺憾的是，大家一心只想要明日之星一帆風順，卻不管他的船正在慢慢下沉。

身為精神科醫師，我經常近距離的體會到自殺帶來的慘痛代價。這些案例和統計數字真的只是冰山一角。不管數字怎麼變動，多失去一個聰明的年輕人都是整個世界的一大損失，我們只能和他們的父母一起哀悼這些麻木提早離開人世的生命。

適得其反的虎式教養

虎式教養每天長期累積下來的效應會讓孩子離成功愈來愈遠，讓父母事與願違。我指的不只是事業成就，還有身體、心理、社交和精神上的健康與福祉。

德州大學人類發展與家庭科學學院副教授金洙榮（Su Yeong Kim）對三百多個華裔美籍家庭進行了八年的追蹤調查。她想知道為什麼虎式教養可以適用於華裔美籍家庭，但同樣嚴厲的教養法卻對非亞裔兒童造成傷害。

結果顯示，虎式教養並不適合每個人。金洙榮發現大部分的華裔美籍家長並非完全是大家讀完《虎媽的戰歌》會想像到的那種獨裁型老虎父母。而且更重要的是，嚴厲又情感抽離的華裔美籍父母最後養出來的孩子，跟其他種族的老虎子女一樣悲慘和茫然。被金洙榮歸類為「老虎父母」的子女往往學業成就和教育程度較低，心理適應不良的情況較明顯，家人之間的情感也比父母被歸類為「支持」或「隨和」的家庭疏離。若以學業成就、教育程度和家庭整合來測量，支持型父母的子女擁有最佳的發展結果。這些孩子也避免了像他們的虎子同儕一樣深受學業壓力、憂鬱症狀和親子疏離之苦。金洙榮的研究在在證明虎式教養需要付出巨大代價，但回報微乎其微。

虎子尚未準備好面對二十一世紀的世界

普魯士王國在十九世紀早期建立第一個義務性的公費學校體制，從此以後學校教育的基本架構和方法並沒有太大變化。這個系統把重點放在服從、責任、和軍事準備，由於效果非常好，很快便流傳到整個歐洲和北美洲，成為今日學校的基礎。不意外的，我們的孩子正在徹底準備接受過去兩個世紀以來的智力挑戰。

在十九世紀和二十世紀大半時間，資訊不如現在那麼容易取得，而知識最豐富的人是最有價值的。考試分數和成績是把知識最豐富的人挑出來的簡單方法。因此，學校開始關注考試成績，父母也一樣，他們經常逼迫孩子獲得最高的分數。這件事在一百年前十分合理。

科技和機器在過去催生出傳統的教室，並將高智力和好成績劃上等號，但同樣的東西在今日已經讓這些舊觀念變得不合時宜。因為科技，我們追求的不再是標準答案，而是問對的問題。十九世紀的教育模型讓孩子變得跟機器一樣。（事實上，「電腦」這個字本來是在電子計算機發明之前，用來稱呼能夠進行複雜數學計算的人。在十九世紀，一群群聰明的年輕男子，以及二次大戰時期的女子，會坐下來拿出紙筆算數，現在則是由電腦完成。）一路下來，機器成為模範人類：「她是一部『機器』」成為稱讚的話。問題是，人類並非機器，我們再怎麼樣像機器也不能把工作做得跟機器一樣好。機器拼字拼得更快、計算得更快、也能更快找到資訊。孩子在二十一世紀需要的成功要素是電腦沒有的認知技能：想像力和創造力，以及合作、批判思考、溝通與創新能力。

我們不需要知道所有數據，但需要能夠分辨好跟壞的數據。我們不需要一體適用的答案，但需要知道怎麼在一大堆錯的答案當中找到對的答案。我們不能自己解決所有問題，但絕對可以用非竊取的方式去運用別人的智慧結晶。合作、詮釋和道德，這些是機器做不到的事，但我們的孩子必須做到。

愈來愈明顯的是，科技正在強迫我們比以往想得更廣更遠。十五年前還沒有谷歌、臉書和推特。現在你能想像生活中少了它們嗎？誰知道今天還不存在的公司，十年之後它們的名字會被加進字典裡（或者我應該說字典網站）？才不過五年前，社群網站管理者、使用者經驗設計師和機器生化人類學家是大家聽都沒聽過的職業。想想看，一個在二〇一四年唸小學一年級的孩子會在二〇二九年左右從大學畢業。如果我們一直教孩子十九世紀的技能，怎麼可能幫他們準備好進入目前想像中的科技尚未發展出來的二十一世紀新職場？但這就是現狀，我們正在給孩子他們不需要的工具。

這時你可能會想：「這種體制或許過時，但我的孩子就在裡面，也只能接受。」值得慶幸的是，情況正在改變。各個大學的院長正在苦思該怎麼教育現在即將入學的「酥脆族」和「茶杯族」，他們也發現入學流程有重大缺陷，因為它常常有利於十九世紀的考試高手，而非二十一世紀的靈活腦袋。

南加州大學和教育保護協會（Education Conservancy）一份二〇一一年的報告提出具有說服力的論點，主張重新整頓入學流程。這份報告強烈抨擊大學院校現有的入學流程，其作者群稱之「賦予標準化測驗莫須有的價值，把它當作衡量學業能力的最佳方法，造成考試成績比學生實際學習或發展來得更重要的印象，並催生出產值數十億的測驗、模擬測驗和測驗輔導產業。」除此之外，作者群表示入學流程「強化了學生不屑的態度，讓他們認為申請上菁英學校是最終目的，而非一段教育歷程的起點，這種態度造成高中生氾濫的作弊和鑽漏洞行為，同時 導致有效教學的需求弱化，以及大學的學習效果不彰。」作者群也呼籲各大學院校以新的測驗範本來評估高中生是否具有在高等教育當中學習和精進的個人欲望，準備好進入大學階段。

我們現在還只是處於一個劇變的開端。諷刺的是，老虎父母最強烈的動機之一就是讓孩子獲得就業保障，但這正是虎式教養最適得其反之處。

虎子在二十一世紀的職場表現不佳

虎式教養打包票保證，在這個愈來愈競爭的世界中，它是最佳教養法。現在的孩子未來會進入的職場的確和我們差異甚大，但不會是虎式教養模式所想的那樣。二十一世紀是全球競爭的時代，科技讓世界各地相連，但社會互動也愈來愈強。而且經過調查，有超過一千五百名名的全球頂尖執行長認為創造力是二十一世紀最重要的領導特質19，而這個特質正是虎式教養所抑制的。

雇主抱怨新一代的年輕員工或畢業生沒有創意思維，無法解決問題或團隊合作。光鮮亮麗的履歷表上彰顯的全方位人才，不見得和本人一致。這是因為「全方位」的定義被老虎父母誤解了。「全方位」的意思已經不是根據自己天生的興趣探索不同領域，而是由父母決定的要求。虎子透過「指示」來探索一項活動。對於要申請高中、大學或研究所的虎子來說，「全方位」代表又要進行另一項在家長指示下為了讓履歷好看的活動。音樂、團體運動等多元經驗能幫助孩子發展勤勉、創意、隨機應變和其他特質，帶來更多的生產力和創新。但如果獲得這些經驗的動機來自外在，相關的正面特質便無法建立。要是等到大學或研究所再來發展這些特質就太遲了。

今日的年輕人（八〇後）不快樂、煩躁、焦慮而且尚未準備好面對真實世界，他們成為所謂的「應享權益的世代」（Generation Entitled，Gen Entitled）和「Y世代」（Gen

Y），也就是「我為什麼不能擁有我想要的東西？」你可能會認為有史以來人就是會對當代的年輕人搖頭嘆息，數落他們的不是。「現在的孩子」總是讓老一輩的人抓狂。不過，這一次老一輩的人可能是對的。近期研究發現，Y世代和之前的世代有著可量化的不同點。Y世代對社區參與和自我接納的價值評級比致富、個人形象和名氣低得多。這些年輕人有時也被稱為「千禧世代」（Millennials）或「唯我世代」（Gen Me），他們比較不願意捐助慈善機構、保護環境或參與社會運動。往好處看，千禧世代比較外向（雖然這不一定代表他們具備較佳的社交技能），比較不會性別歧視，也比之前的世代較沒有偏見（除非是對於過重的人）。有趣的是，他們沒有偏見不是因為有同理心，而是能夠忍受。

Y世代強烈的相信自己應享權益，為職場帶來真正的問題。雇主現在不時抱怨Y世代員工不但驕傲自大，認為規則不適用在他們身上，也不覺得有必要「盡責」。美林證券（Merrill Lynch）和安永會計師事務所（Ernst & Young）等公司都特別雇用了顧問來幫他們訓練千禧世代的員工。這些顧問面對的是一項艱鉅任務。一項研究顯示，這個世代的年輕人寧願失業也不要做他們認為低就的工作；平均而言，他們將三十歲視為離開父母的年紀（毫無疑問，這兩項因素之間有關聯）。

世界各地的企業領袖和人資經理很受不了年輕員工無法「跳脫框架思考」，不能解決問題，或（更糟糕的）要父母幫他們談工作合約或打電話來請病假。經理們表示，許多年輕員工難以跟別人共識，因為他們競爭意識太強烈或缺乏重要的社交技能，或兩者皆是。一名頂尖企業的執行長告訴我：「很多求職者都擁有完美的人生，甚至在學業、音樂和運動有過人成就。但如果他們不能與人共事或創新，那一切都白搭。事實上，這些成就還可能帶來反效果，因為它們顯示出這個人活在某種泡泡裡，沒有現實生活的經驗。如果求職信給我這種感覺，我會立刻刷掉。」二十一世紀的雇主現在遠遠的就能看出誰是老虎。

老虎家長付出的個人代價

我們這些曾被困在老虎文化裡的父母都用心良苦，但我們為孩子做得還不夠好。那麼自己本身呢？家長從老虎生活方式裡得到了什麼好處？幾乎沒有！

以我的例子來看，虎式教養差一點讓我失去了寶貝女兒。我和丈夫擁有兩名健康子女，但要不要再生「第三個孩子」的想法一直盤踞在我的心頭。雖然我們的生活已經因為滿檔行程、緊迫盯人和兩個孩子的花費而失控，我還是渴望再有一個寶寶。我丈夫（他是比較實際的那個人）很明確的說：「不行，我們的生活已經手忙腳亂，開銷又大，養不起第三個小孩。我們會發瘋、破產，或兩者皆是。」理智上，我同意他的看法。我們的生活容不下第三個孩子。這時我才突然領悟到：我們的生活變得完全失衡了。我告訴丈夫：「如果我的父母能以更少的花費成功把五個小孩養大，我們養三個一定沒問題。我不是很確定該怎麼做，但我們絕對做得到。」當然了，為了達到這個目標，我們必須馴服心中的老虎。

我母親總是跟我說，要是我單純真心的想要什麼東西，不為了任何外在原因，那麼我會找到方法得到它。我是單純真心的想要第三個孩子，不為了任何外在原因。事實上，我知道第三個孩子會為我極度在乎的外在事物帶來巨大衝擊，像是我的事業（請了兩次產假之後，我發起的計畫正在解體），我的外表（我還沒減掉上次懷孕增加的體重，過去四年來，我看起來都是一副很累的樣子），我的財務狀況（現在還有誰養得起三個孩子？），我的房子（它會變得亂上加亂），我的社會地位（變成三個小孩管不住的家庭之後，沒有人會邀請我們作客），甚至影響到我的某些友誼。此外，再度懷孕對我的婚姻、脆弱的膝蓋和背部以及睡眠不足一點都幫不上忙！

我想人只有在全心全意想要一個東西時，才會願意老實並認真的面對眼前的阻礙。我這麼做之後，發現我生第三個孩子的阻礙主要是我自己，以及我為自己和家人建立出來無以為繼的生活。當然，我丈夫也難辭其咎。事實上，他的控制欲甚至比我還嚴重（他爸爸那邊是軍人家庭）。但我是整座城市的兒童與青少年心理健康計畫醫療總監，而且我才是自我動機方面的專家，他不是。我不應該做出這些無意義又會傷害到家庭的舉動。

我家老大出生時，我是個緊張的新手媽媽。在恐懼的趨勢下，我開始採用虎式教養，並因為欠缺考慮和貪圖方便就這樣持續下去。虎式教養雖然令人體力和財務吃緊，但在情緒上不費工夫。老虎父母的生活忙得不可開交，所以和子女之間有著一定的距離。虎式教養讓我們把脆弱、同情和無條件的接納等內心深處的情緒擱在一旁。老虎父母很努力，但方法不夠聰明。如果他們夠聰明，就會更關注真正重要的事，並瞭解忽略這些事會讓親子雙方付出代價。

我終於內省並對自己和丈夫承認，我們正過著失衡的老虎生活。為了面對這個問題，我們決定做出改變，重新找回平衡。這並不容易，有時候還很令人害怕。但人生就是一段波瀾起伏的旅程，而非一連串的競賽。我們正在這片海裡遊著，有時平靜，有時嬉鬧，有時謹慎，而更多時候是風風雨雨。但我們跟三個孩子（包括我可愛的小女娃）會同舟共濟。

老虎家庭在養育孩子的過程中會經歷很多痛苦。首先，所有課程和家教需要花上一大筆錢，支付這些費用可能會造成很大的壓力。再來，花時間把小孩載來載去，趕著參加游泳比賽、上音樂課或家教，便無法顧及賺錢、堆積如山的家事、其他覺得被冷落的子女、其他人際關係、婚姻、家庭、「屬於自己」的時間，以及最寶貴的親子相處時光。一個老虎家庭可能是由爸爸跟兒子進行同一項活動，媽媽跟女兒進行另一項，因此家庭成員過著平行生活，房子變成補給站，而非真正培育下一代的家。除此之外，老虎父母經常疲憊不堪，在孩子的青春期亦是如此，但這時家長的存在特別重要。這種生活方式讓親子和全家人都受苦。我親身體驗過，也看過太多同樣例子。根據我個人以及我在健康、教育、科學和研究方面的同事觀察，他們有些是親子關係專家，所有人皆認為問題日漸惡化，必須而且可以被遏止。

馴服內心的老虎

如果虎式教養模式不管用，還會對孩子（父母亦然）造成看得見和看不見的傷痕，我們要怎麼幫助孩子邁向二十一世紀的成功道路？有什麼更好的模式，可以讓孩子更有機會成為健康、快樂、積極而且真正成功的領袖，為世界做出貢獻？有的！但在我告訴你是什麼模式之前，我想先問幾個困難的問題，讓你做好馴服心中老虎或週遭老虎的準備。以下是自我測試：

你對孩子真正的期望是什麼？

你可能對他們有很高的期待，希望他們找到好工作，過著好日子。但你也期望他們快樂嗎？期望他們有能力創新或發揮創意？期望他們具備道德和社群意識？如果你只期望他們表現傑出或短暫成功，等於是要他們短視近利，犧牲掉長期下來獲得永續成就進而提升和豐富人生的機會。

你覺得要不落人後，輸人不輸陣？

在某個程度上，我們已經習慣用外在表徵（房子、車子、孩子的外表和表現）來做為衡量自我的標準。對某些家庭而言，有一個上常春藤名校的孩子就像車道上停著一台法拉利或肩上背著一個名牌包。這些表徵透露出你是個什麼樣的人，成功、具有眼光和超凡品味，而且有能力負擔孩子的學費。不落人後的想法來自於害怕被忽略或冷落。它讓我們進入飛行模式，塞滿行程，變得忙碌不已。

你總是追求完美？

在媒體和社群媒體的推波助瀾下，我們很難不把「完美」當作是一個理想和嚮往的目標。當然了，問題在於追求完美的想法是對現實的扭曲。完美是一種迷思，也是我們邁向真正成功的巨大阻礙。完美主義者通常都害怕失敗，無法以嘗試錯誤的方式解決問題，導致他們規避風險，特別是刻意不顯露脆弱的「真實」自我。

你的子女是否行程滿檔？

讓孩子廣泛進行不同活動是一件好事，但多少活動才算太多，或是花多少時間才算花太多時間？是不是應該給孩子自由時間放鬆、稍微獨處想自己的事，甚至感到無聊？現在的兒童比起三十年前，自由時間少了一半。很多家長跟我說：「可是我的孩子就是想要參加這麼多活動，還哀求我幫他們報名！」這是因為對許多從兩三歲開始便行程滿檔的孩子來說，他們會的事情就是參加這些活動。他們不知道怎麼好好休息或排解無聊，也沒什麼想像力可以自己放鬆、玩樂或學習。

你的子女是否生活被過度安排？

確保孩子得到他們需要的家教輔導或教練訓練是很好，但如果這麼做取代了學習過程，壓縮到他們自己探索的時間，那就不好了。被過度安排的生活令人喘不過氣，凡事都得接受指導則會扼殺創意的發揮空間以及思索問題並解決的能力。

你是否把孩子逼得太緊？

每個人當然都需要鼓勵來推我們一把。不過，推得太用力會影響孩子自我動機的發展。他們最後可能會怨恨父母施加命令；更糟的狀況是發展不出自我意識和自我動機。

你是否緊迫盯人？

所有孩子都不時需要被看管、保護、幫助和拯救。你是在鼓勵孩子獨立還是更加依賴你？你是否代替孩子做了他們需要學會的工作，像是挑衣服、挑課程或挑工作？

你在為孩子鋪路時，是否有讓他們參與？

沒錯，幫孩子打好基礎能讓他們面對挑戰迎刃而解。但你是否太快或太常介入？是的話，你可能正在剝奪孩子克服逆境、體驗自然結果、靠自己想辦法以及從挑戰中學習的機會。

你可能以上的事都沒做，卻還是覺得哪裡不對勁。這樣的話，身為老虎的應該不是你。孩子也可能對自己做這些事。這是文化的一部分，存在於空氣裡。害怕浪費時間、追求完美、渴望迎頭趕上、期待得高分和賺大錢，這些想法無所不在。結果導致許多年輕人盲目追求個人表現等外在驅動目標，捨棄了心理、身體和社交健康的內在目標，而父母並沒有在後面督促他們。一名年輕患者告訴我：「我就是我自己的虎媽」。

不管老虎文化出現在哪裡都無法持續下去，而且對親子或整體社會都有害。我們理應為孩子爭取每一個可能的機會，但教養不代表要和週遭的現實對抗，而是在其中找到出路。要做到這一點，我們必須冷靜、專注、堅強和適應。如果你希望孩子長大後能過著健康、快樂和積極的人生，首要之務便是拋開老虎，擁抱海豚。

第二部
解決良方：與海豚共遊

第三章

二十一世紀是海豚的年代

南韓五十多年來一直處於交戰狀態。它的士兵部署橫跨朝鮮半島，與世界上最龐大的軍隊之一進行意志力的對決，面對地球上可說是最難以預測的政權。鄰居非法的核試驗、海軍艦艇入侵水域、無正當理由的炮彈攻擊，這些都是南韓的日常生活寫照。其首府首爾是現代化的大都市，人口將近一千萬，就位於北韓炮彈的射程範圍內。南北高速公路布滿防禦工事，武裝部隊也維持高度警覺，而且他們很有理由這麼做。大韓民國每天都面臨大戰一觸即發的威脅。

很自然的，南韓人把備戰看得很重要，他們擁有飛彈防禦系統、新一代戰鬥員和現代化海軍。這些都所費不貲。南韓的國防預算約占GDP的二．七％，在比例上比中國或北約強權像是英國、法國或德國都還要高。這是一大筆錢，但一個國家把資源用在他們認為最重要的事務上也合情合理。避免毀滅性的戰事發生顯然是聰明的首要之務。

如果你可以從一個國家的支出看出它的優先順序，就會很清楚韓國人把學校教育看得有多重，特別是進入特定學校。如果學生進不了「對的」學校（從幼稚園開始），通常會上一整年密集的魔鬼家教課程（一天最高十四小時），期望隔年可以重考上。在二〇一〇年，百分之七四的南韓學生有上課後家教。眾所周知他們會上整晚的課，父母還把床移走，怕他們睡覺不讀書。疲勞、壓力、焦慮、憂鬱、成癮物質使用和自殺問題極度惡化，政府不得不介入並於二〇一〇年通過一項宵禁，規定首爾的家教機構必須在晚上十點休息，希望這樣能讓受盡折磨的學生早點回家（不過就算回家也沒有床可以睡）。即使如此，孩子的生活還是睡眼惺忪的在學校和家教之間疲於奔命。整個國家對補習教育的投資巨大和穩固到GDP有驚人的百分之二耗費在家教上！幾乎等同於用來和北韓這個擁核敵國僵持的花費。

老虎之中的海豚

一定有人會問，這樣值得嗎？耗費這麼多時間和金錢，犧牲寶貴的週末和童年的晴天午後不出去玩，反而窩在書桌前。南韓人為了達到他們重視的明確目標犧牲良多。這麼做值得也不值得，而我們可以從「不值得」當中獲得很大的學習。

熱愛標準化測驗的教育者特別偏好國際學生能力評量計畫（Programme for International Student Assessment，簡稱PISA）。PISA在二〇〇〇年由位於巴黎的經濟合作與發展組織（Organisation for Economic Co-operation and Development，簡稱OECD）所發起。計畫的主要目標是評量教育體系，方式是讓超過七十個國家的十五歲學生接受知識評量，接著互相做比較。PISA每三年舉辦一次，各國政府通常會利用評量結果來改善地方教育標準。

如果你很好奇法國孩子的閱讀表現是否跟德國孩子一樣好，PISA可以告訴你；如果你想知道加拿大孩子的數學表現是否跟美國孩子一樣好，PISA也能告訴你。不過，這個評量意外的可以看出隱藏在數據中的一點：獨裁型教育是不是讓學生表現超乎水準的最佳方式。很快的看一下表A會發現在科學、閱讀和數學老虎之中出現了令人

表A　2009年PISA分數

科學	PISA分數	閱讀	PISA分數	數學	PISA分數
中國上海	575	中國上海	556	中國上海	600
芬蘭	554	韓國	539	新加坡	539
中國香港	549	芬蘭	536	中國香港	536
新加坡	542	中國香港	533	韓國	533
日本	539	新加坡	526	台灣	526

來源：經濟合作與發展組織，2009年PISA結果：摘要，2010年，http://www.oecd.org/pisa/pisaproducts/46619703.pdf，圖1

意外的離群值。

芬蘭：找出二十一世紀的成功道路

結果顯示數百萬名亞洲父母是對的：只要把孩子操得夠兇，他們就能成為頂尖人才。無眠的夜晚、埋頭苦幹和數不清的犧牲最後都會換來回報。問題是，結果也顯示學生就算不刻苦耐勞的死背牢記和沒日沒夜的拚命讀書也能成為頂尖人才。你可能已經注意到芬蘭出現在PISA的兩個表上。芬蘭在這裡是令人驚訝的離群值，原因並非它是唯一進入前五名的非亞洲國家，而是它擁有一個和獨裁體系截然不同的教育體系。

在芬蘭，兒童到了七歲才會上學，而且創意遊戲相當受到鼓勵，小學課程每天會有七十五分鐘的遊戲時間。芬蘭人認為教育是漸進式的過程而非競爭，因此他們不採用標準化測驗來評估孩子是否能進入更高年級。孩子幾乎不用做什麼家庭作業，到了青少年中期才會出現少少的考試。唯一的標準化測驗（十六歲需要參加的全國大學入學考試）則是在高中畢業前實施。不過，芬蘭學生的確也有其他形式的「考試」：在這些考試當中，他們必須回答簡單問題以評估自己的老師和學校的效能。芬蘭教師皆受過良好教育（必須要有碩士學位），在社會上也備受尊重。

像這樣教育方針如此寬鬆的國家，怎麼會在PISA評量表現這麼好呢？這個問題讓世界各地的教育者好奇不已，有些人還直接跑到芬蘭研究其教育模式。芬蘭政府是這麼跟他們說的：「一個國家為了保有以知識為基礎的教育和經濟，必須為全體人民做好準備，而非僅僅一部分人民，才能迎接新的經濟。」在芬蘭，教育政策的主要推手是合作，不是競爭。此外，學生從來不會因為程度較好或較差就被「分流」，而且所有學校都是平等的，沒有私立學校或排名之分。

我們不難看出芬蘭的教育模式把重點放在培養學生的內在控制點。學生知道他們的興趣很重要，自己是獨一無二的個體，但仍隸屬於團體中。

芬蘭政府花在每個學生身上的錢比美國少百分之三十。再來，芬蘭最強和最弱學生之間的差距比其他國家都來得小，不必像亞洲學生一樣受盡痛苦折磨就能在PISA評量穩居前五名。芬蘭的教育體系比老虎體系單純、簡單、便宜而且健康許多。這個體系能發揮作用是因為它符合人類真正學習和渴望生存的方式：透過一個重視玩樂、探索、社會連結和合作的平衡生活。

如果你懷疑芬蘭模式在這個世界無法立足，可以看看表A列出的這些國家每千萬人出了幾個諾貝爾獎得主。在以下名單中，五個獎項（化學、文學、和平、物理、生理或醫學）和諾貝爾經濟學獎皆納入考量：

中國：〇・〇六

芬蘭：七・六
香港：一・三九
日本：一・四九
新加坡：〇
南韓：〇・二〇五
台灣：〇・四三

如果我們僅比較南韓和芬蘭每千萬人的諾貝爾獎得主數量，差距不只兩倍、三倍，而是三十七倍！南韓雖然固定上榜PISA前五名，但以諾貝爾獎得主數量來看，在七十一國當中僅排名第六十二。南韓學生顯然非常用功努力，但老虎卻阻擋在他們面前。老虎教育體系在各方面像是身體健康、心理健康、社交健康、精神健康和財務健康都付出了相當高的代價，但還是無法培養出懂得如何表達想法和與人合作的創意與批判思考者。

CQ才是二十一世紀的必備技能

企業透過分析大量數據庫來評估績效，這種空前能力為雇用慣例和領導能力掀起一波革新。谷歌擁有最多數據，也觀察這些數據最久。在二〇一三年六月，谷歌的資深人力資源副總裁說：「我們從所有數據分析當中可以看到，把學業平均成績和考試分數當作標準無法讓我們雇用到具有生產力和創新能力的員工。大家都知道谷歌以前會看成績單、學業平均成績和考試分數，但現在不這麼做了，我們發現這些東西什麼都預測不了。」如果成績單、學業平均成績和考試分數什麼都預測不了，那還有什麼可以呢？谷歌指出，它想要的「人才要很擅長在沒有明顯答案的狀況下想方設法。」

要在今日步調快速、高度社會化、極度競爭以及全球連結的世界中有好的發展，我們的孩子需要具備二十一世紀的技能。墨爾本大學的二十一世紀技能評估與教學（Assessment and Teaching of 21st Century Skills，簡稱ATC21S™）組織擁有來自全球六十間不同機構的二百五十多位研究員，他們定出了四項二十一世紀必備技能。這些技能已經被納入各地教育機構與職場環境。分別是四個「C」：

- **創意**（creativity） 現今的商業領袖把創意視為未來最重要的能力。
- **批判思考**（critical thinking） 重點不在於知道「對的答案」，而是知道如何問「對的問題」。
- **溝通**（communication） 你可以擁有全世界的原始智慧（raw intelligence），但如果你無法有效表達想法，並在不同社群媒體上發表，那還是沒有用。
- **合作**（collaboration） 不管是在家庭、職場還是全球社會，能夠在團隊當中學習並啟發他人才是今日的致勝關鍵。

我把這一套二十一世紀必備核心技能稱為「認知商數」（cognitive quotient，或CQ）。你應該知道IQ（intelligence quotient）代表智力商數；EQ（emotional quotient）代表情緒商數。為了在二十一世紀致勝，我們的孩子需要CQ。

教育界與企業界開始重視CQ

傑克・安卓卡以十五歲的年紀在英特爾國際科學展（Intel International Science and Engineering Fair）奪冠。傑克設計出一套癌症檢測法，比現有方法快二十八倍、便宜二十八倍，而且靈敏一百倍。這個世界充斥著未過濾的資訊，如果具有創意思維的腦袋想要做出真正的貢獻，那麼在資訊之間找出重要連結遠比強背死記有用。在癌症研究這種專業領域中，誰想得到一名青少年能做出如此有價值的貢獻？這就是CQ的力量。

傑克利用他在谷歌和維基百科上找到的資訊發明出這一套初期檢測法，接著他需要測試效果，所以再次到網路上找辦法。他寄了數百封電子郵件給實驗室和研究員，詢問他們是否對他的發明有興趣。在被拒絕了約一百九十九次後，他收到了一封邀請信，讓他邁向成功道路。傑克成為世界各地的頭條人物，造訪全球重大場合像是TED會議、倫敦的皇家醫學會甚至白宮，與政治界和科學界的顯赫人士互動往來。

傑克的成功並非來自十九世紀的知識（像是他在標準化測驗的表現有多好），而是二十一世紀的聰明才智。他的創意和批判思考技能讓他得以發明出這個癌症檢驗法，而他的協作與溝通能力則讓他成功的找到合作夥伴。許多學生都會上谷歌和維基百科，但傑克的自我動機和獨立性促使他充分探索自己的興趣。如果他被逼著做沒興趣的事，我們都知道這項計畫不會到達這麼高的層次。傑克真心想讓世界變得更好，而這個願望推動他在無數次被拒絕之後仍勇往直前。

二〇一一年，理察・布蘭森爵士（Sir Richard Branson）在推特上表示，任何捐兩千美元給解放兒童組織（Free the Children）的人，都可以免費坐飛機過去跟他喝一杯。一名叫史黛西・費雷拉的十九歲少女抓住了這個機會，她和哥哥史考特連同其他十八人一起飛到邁阿密去見布蘭森。史黛西和史考特捐錢不只幫助瞭解放兒童組織，也得以和布蘭森簡短會面並向他提出他們的創業新點子「MySocialCloud」。這對兄妹回到加州後仍透過電子郵件以及推特和布蘭森保持聯繫。很快的，布蘭森把他們引介給朋友傑瑞・默多克（Jerry Murdock），他是紐約一家創投的共同創辦人。默多克最後造訪了費雷拉兄妹在洛杉磯的辦公室，並在隔天宣布他和布蘭森將投資MySocialCloud一百萬美元。

幾個月後，史黛西・費雷拉在她紐約大學的宿舍裡監督所有行銷工作、安排多個群組的程式設計師進行電話會議、管理策略營運、評估使用者經驗以及簡化MySocialCloud

的願景。史考特成為MySocialCloud的執行長，同時在南加州大學攻讀建築學士學位。

史考特和史黛西的案例在十年前並不多見，在二十年前根本聽都沒聽過，因為當時並沒有機會可以輕易見到有權有勢的人士。隨著社群媒體等管道出現，二十一世紀開啟了這些前所未有的機會，而具備CQ的人便能扶搖直上。

今日，企業和大學都搶著要吸引像傑克・安卓卡和費雷拉兄妹這樣的學生進來就業和就讀。二十一世紀的世界提供了各式各樣的機會，和十九世紀的「成功」窄門全然不同。因此，十九世紀的窄門很快就會不復存在。我曾和一名在印度頂尖大學工作的就業輔導員談過話，他告訴我：「現在畢業生的出路和機會比以前多太多了。你不一定要當醫生、律師或工程師也能找到好工作。但如果你是的話，你最好要能夠創新並隨機應變。每天都有新的工作種類冒出來，主要原因就是科技。未來十年成績會愈來愈不重要，成功關鍵將會是創新和溝通。」現在是年輕人自己運用CQ的成熟時機，做得到的人就可以成功。大學和企業為了生存必須進行調整，他們現在有了誘因來營造出能夠培養CQ的環境，而這個事實也正在促使各地大學和企業轉移其入學和麵試程式的重心。

英屬哥倫比亞大學（University of British Columbia，簡稱UBC）是加拿大第一所將非學業標準納入入學程式的主要大學。UBC的助理副校長兼註冊主任表示：「我們漸漸發現我們遺漏了學生的經驗和成就因素。即使光看他們面臨了什麼挑戰都能有力的預測出他們未來可能擔任的職位。」在二〇一二至二〇一三學年度申請UBC的學生必須完成一份包含五個問題的問卷，分享個人覺得有意義的經驗。

同樣的，由於企業界抱怨畢業生時常缺乏極為重要的領導能力和人際關係技巧的問題，UBC的索德商學院（Sauder School of Business）於二〇〇四年更改了入學政策，將更廣泛的標準納入，不再只是看學業平均成績和考試分數。這麼做了之後，企業界的抱怨大幅減少，學校也因此吸引到了對廣泛課外活動（例如：學生會）有興趣的學生。

哈佛商學院有個「2＋2課程」。錄取上這個課程的年輕人必須先花兩年的時間找到他們有興趣的工作機會，並在接下來兩年上哈佛商學院的碩士課程。每個學生都有一位導師，但除此之外他們在前兩年可以完全自由的玩樂探索、建立關係和與人合作，做自己想做的事。到底為什麼哈佛要設計這樣的課程呢？它提供學生追尋熱情和好奇心的機會，同時透過實作和非結構化的學習來發展二十一世紀的優越技能。這些學生再把ＣＱ、創新思維和現實經驗帶回課堂上，讓其他同學以及全體商學院皆相得益彰。這對所有人來說都是雙贏局面。

身為醫學院學生的醫師兼教師，我很高興看到醫學院也跟上腳步，更加重視ＣＱ。這麼做有很好的理由：太多患者遇到「聰明」但沒有同理心、溝通技巧和創意思維的醫生。我們都希望醫生能從批判的角度分析無數資料，然後適當的將這些資料運用到現實情境中。我們在上一章已經看過湯姆的例子，知道老虎模式無法幫助年輕人成為這樣的醫生。

現在很多申請醫學院、法學院、商學院和其他研究所的學生在面試時都要面對一群觀察他們是否具備溝通、合作和批判思考能力的招生官與人資人員。個人面試也都煞費苦心的經過專業設計，目的就是為了從學生的回應看出他們有沒有同理心、創造力、道德感和問題解決能力。

醫學院入學考試（Medical College Admissions Test，簡稱MCAT）在二〇一五年有巨大轉變。其中一項是加入與人類行為和思考的基礎科學有關的問題。此外，MCAT還會包含新的題型，回答時不會用到特定知識，而是推理和批判分析能力。

就連做為美國大學入學重要參考的學術性向測驗（Scholastic Aptitude Test，簡稱SAT）也進行了調整。在二〇〇一年，加州大學校長批評SAT某些題型所測驗的知識僅有少數菁英學生具備。他表示將要求各分校在篩選申請者時不把一部分的SAT成績列入評估項目。在二〇〇五年，這些問題獲得改善，某些測驗內容被刪除並加入新的內容，包括一篇論文寫作以及更多批判閱讀題目。

以利益為導向的企業界很快便摒棄了老虎模式。全球企業都想要雇用擁有「軟實力」的人才。耶魯商學院最近規定MBA申請者必須進行ＥＱ測驗。該校領導能力發展計畫主持人湯姆・寇迪茲（Tom Kolditz）說：「我們希望學生更有自覺。我們希望他們增進情緒管理和影響他人的能力。」聖母大學（University of Notre Dame）門多薩商學院（Mendoza College of Business）也採用類似的入學測驗來找出MBA資深招生副主任口中

「未經雕琢的璞玉」。達特茅斯學院（Dartmouth College）的塔克商學院（Tuck School of Business）則是要求寫推薦函的人為申請者的好奇心和抗壓性提供參考資料以供評分。

技術能力當然很重要，但如果員工沒有CQ，貢獻便很有限。「軟實力可以讓優秀的大學畢業生在一群好的大學畢業生之中脫穎而出。」英國勞斯萊斯（Rolls-Royce）建教合作部門的喬瑟夫・克洛克（Joseph Krok）表示。「世界各地許多技術課程過去都把重心擺在技術層面，我們一直在跟大學宣導軟實力的重要性，」英國石油公司（British Petrol）全球招募副總裁保羅・邁肯泰（Paul McIntyre）補充說。一名雇主告訴全球顧問公司麥肯錫（McKinsey & Co）：「我從來沒有因為一名工程師在工程方面做不好而解雇他，被解雇的都是因為缺乏團隊合作的能力。」

即使是過去不需要CQ的工作領域都逐漸要求員工發揮創意和合作精神。舉例來說，資誠（PwC）某些特許會計師的申請面試包含了在團體烹飪課中被評估是否具有人際關係能力。沒錯，就是烹飪課！任何需要與他人（特別是不同文化、背景和地點的人）共事的工作，都會要求這些老虎所沒有的技能。

我們正在從老虎蓬勃發展的十九世紀邁入他們連面試機會都爭取不到的二十一世紀，這些人要在真實的業界或高等教育當中生存更是難上加難，因此我們的教養模式必須隨之改變。我們直覺上知道，現在也看到了研究數據，由上對下管教的獨裁體系無法讓我們在今日的世界欣欣向榮。所以我們為什麼還要繼續用舊的模式來教養小孩呢？

平衡人生：健康、快樂與成功的基礎

我們看到學校、大學和企業採用的新模式都傾向於真正啟發和激勵人類心智，造就更健康、快樂和積極的人才。

喬治・瓦利恩特（George Vaillant）博士著名的格蘭特成人發展研究（Grant Study of Adult Development）是《經驗的勝利》（The Triumphs of Experience）一書的主題。這項研究橫跨數十年，是第一個針對成人長期健全、快樂與成功的科學驗證，不但為期最久也最全面。它在一九三八年於哈佛大學展開，追蹤了哈佛兩百六十八名男性大學生一生的歷程。研究員測量了極為廣泛的心理、人類學和身體特徵，包括ＩＱ、主要器官功能、童年行為像是尿床、個性、身高、羅夏克墨漬（Rorschach Inkblots）測驗、筆跡分析、飲酒習慣、腦波、外貌、家庭背景、人際關係、唇縫大小，甚至「陰囊垂下來的長度」，為的就是找出對人類蓬勃發展影響最大的因素。

所有受試者每兩年都須填寫一次問卷，回答有關日常生活和健康的問題。他們的醫師每五年提供詳細的健康數據。在情況允許之下，這些男性會接受個人訪談，讓研究人員獲得更深入的資料，並瞭解他們在變動的世界和生活中做了哪些調整。現在資料還是持續在蒐集，其中百分之三〇的受試者已經活到九十多歲。

瓦利恩特的研究前所未見，以科學方式一窺健康、快樂與成功的奧祕。我們從多年來的結果可以看出以下幾個驚人（或者其實也沒那麼驚人）的趨勢：

到了某個程度之上，智力不重要

IQ介於一一〇至一一五與IQ高於一五〇的男性相比，最高收入沒有明顯差距。

適應力是成功關鍵

到了五十歲，個性特質將準確顯示出誰會進入人生的「健康快樂」組（也就是擁有客觀和主觀的身心健康），而前四分之一強的哈佛男性屬於成熟適應型。瓦利恩特形容成熟適應型的人可以「把檸檬變成檸檬水」，對我來說意思就是遇到任何情況都能運用創意和正面思考去適應。瓦利恩特也表示，在處理衝突和壓力時能發揮利他精神與幽默感的人也屬於成熟適應型。

人際關係帶來的溫暖對健康、快樂和成功有重大影響

舉例而言，在「溫暖的人際關係」這個評量項目，得最高分的受試者比最低分的受試者在薪水顛峰期（通常在五十五至六十歲之間）一年平均多賺十四萬一千美元。這些男性不只財務狀況較好，因事業成功被列在「名人錄」的機會也高出三倍。再來，童年

時期擁有「溫暖」母子關係的男性（要記得，這項研究從一九三八年就開始了）年平均收入比沒有的男性多八萬七千美元。相較之下，童年時期與母親關係差的男性年老之後比較容易失智。瓦利恩特傳達了一項重要訊息，他說：「耗費七十五年和二千萬美元的格蘭特研究指向一個再明白不過的結論：『快樂就是愛，句點。』」

聽起來很棒，但我們要怎麼樣才能進入人生「健康快樂組」呢？很簡單「實踐就會實現」。**先去適應，就會變得有適應力；先去做出利他行為，就會培養出利他精神；先讓自己變得溫暖和有同理心，就能與他人產生連結。**我們必須先做這些事，才能成為這樣的人。不過，只有在我們真心想要這麼做的時候，行動才能形塑內在人格。瓦利恩特和其他無數個探討快樂、成功、失敗和動機的研究都證明瞭一點，健康比什麼都重要，快樂是愛與情感連結，而成功需要適應力。為了進入人生「健康快樂」組，我們必須馴服心中的失衡老虎，接納內在的平衡海豚。

為什麼要當海豚？

你可能會問，為什麼要向海豚學習？為什麼不是狗、海象或果蠅？海豚有幾項綜合特質，在這個複雜世界中是成功人生的有力象徵。即便如此，老虎本身並沒有什麼問題！用老虎和海豚來比較不是因為對這些動物本身有偏見，就像「龜兔賽跑」不是為了要把兔子描寫得有多糟糕。我們從這個故事當中學到的並非兔子就是愛吹牛，對自己的才能過於自負，而是人類的作為。我們不會看完這個故事就對烏龜產生新的好感，而是會停下來想一下在面對挑戰時，一定要保持冷靜、沉著和毅力。換句話說，重點不是動物，是我們。不過，以這個角度來看，老虎和兔子沒有多大不同，海豚和烏龜也有一些共通點。我可以向你保證，當一隻海豚有趣多了。

海豚可愛的外表深受人類喜愛。海豚的大腦相當大，是黑猩猩的四倍，擁有與人類匹敵的智慧。腦容量與創意、學習、溝通和社會連結相關，而海豚十足的展現出這所有特質。眾所皆知牠們也很活潑伶俐，是真正的社交動物，會群居和團體行動，並透過以身作則、遊戲和引導來教導寶寶，很多人不知道海豚被認為是世界上最具利他和合作精神的物種。幫助彼此和社群是牠們生存的核心特徵。

海豚教養法的重點為引導而非命令，以鼓勵代替指示，並且重視身教。海豚的生活方式強調遊戲、探索、社會連結、利他精神、貢獻以及家庭與社群價值的重要性。這些當然也是人類教養的自然特質。不過，我們失衡又恐懼的生活被過度聚集、過度保護和過度競爭所填滿，所以向別的物種看齊可以幫助我們提醒自己真正的平衡生活該是什麼樣子。我認為「海豚教養法」、「平衡教養法」和「直覺教養法」這幾個詞是可以互通的。海豚教養法的道理很簡單，就是要你找到人類的平衡與直覺，並據此行動。

健康、快樂又成功的海豚模式

那麼海豚到底要怎麼為我們指路，幫助我們教養孩子，讓他們真正準備好踏上二十一世紀瞬息萬變的旅程呢？首先，海豚同樣擁有二十一世紀致勝的必備技能，那就是CQ！

1.創意：牠們創造「工具」來狩獵，像是把海綿套在喙部上，在海床搜索食物。
2.批判思考：牠們可以發現和解決許多類型的問題，像是捕魚器。
3.溝通：很多科學家把牠們用來溝通的口哨聲、嘯叫聲和身體姿勢當作實際的語言
4.合作：牠們是高度社交的動物，狩獵、遊戲和生活的各個層面都跟群體在一起。

海豚不會一直四處徘徊，也不會時時互相競爭。牠們玩耍、探索、睡覺、運動、建立社會連結，也會為群體貢獻。牠們也顯現出個別興趣，有的喜歡玩海草，有的在岸邊湧浪找樂子，有的愛和其他海豚打鬧。牠們甚至會做出複雜的遊戲行為，像是製造泡泡環並從中間穿過去。海豚和家人以及群體中的其他成員會建立深厚的社會連結，甚至會對行為跟自己類似的海豚展現「友誼」。

海豚能夠獨立自主，但和群體的關係很緊密。牠們生活和養育下一代的方式可說是很有倫理；幫助彼此和其他物種的習慣亦具有利他精神。我們都知道海豚曾保護人類不受鯊魚攻擊，還拯救擱淺的鯨魚，這些行動展現出牠們對別的群體甚至別種動物的責任感和同情心。

另外，你知道海洋食物鏈最頂層的虎鯨（又稱殺手鯨）其實是海豚的一種嗎？殺手鯨是世界上最厲害的頂級掠食者。不過牠們不像老虎、鯊魚和北極熊獨來獨往，而是高度社會化和重視合作的獵人，因此力量更加強大。

海豚知道這個世界競爭又危險，才會如此團結。一隻虎鯨能輕而易舉的殺死一隻鯊魚，但其他種海豚遇到掠食者時會互助合作。我喜歡把海豚想像成海洋世界的芬蘭人，牠們出類拔萃不是因為最爭強好勝，而是具有創意、愛玩，而且可以和夥伴合作無間。

海豚也有非常優秀的適應能力。從行為來看，牠們可以和其他動物（例如：鮪魚、海龜和人類）形成長期關係，當地有什麼獵物就吃什麼，甚至原本各自獨立的群體為了捕獵新的食物來源會結合在一起；從身體適應來看，多數海豚生活在鹹水，但某些種類在淡水也可以生存。牠們的身體呈流線型，可以快速移動（最快可達時速一百英里）捕獲獵物和逃離掠食者。再來，牠們的眼球可以各自轉動，一隻眼睛盯著前方的獵物、另一隻眼掃描四周是否有掠食者。

人類面對變化多端的二十一世紀一樣需要適應。父母處在極大的壓力之下，我們的孩子也一樣。不過，只要有適應能力、健康的生活方式、利他精神與社交能力，海豚便能在瓦利恩特的研究當中脫穎而出！身為家長，假如我們能適應並培養小孩這些特質，那麼不管在教室、會議室還是社區裡，他們都能活得健康、快樂和成功。

海豚的自我動機與CQ

一名叫夏綠蒂的學生某天打電話給我並留了訊息，希望可以在我底下做有關年輕人成癮物質使用的志願研究。說也奇怪，夏綠蒂和多數跟我聯絡的學生不一樣，她沒有打算申請醫學院，只是個對法律感興趣的大學生。當時我底下已經有很多學生要指導，不想再多收。不過，她提出這項特別要求時所表達出來的熱忱引發了我的興趣，於是我回了電話給她。跟她講沒多久，我就深受她的正面能量吸引。在短短幾分鐘，她簡明扼要、條理分明的述說創意想法，馬上令我折服。她想在研究中比較加拿大和美國的合法飲酒年齡（分別為十九歲和二十一歲），以及它如何影響大學校園的飲酒行為。我很喜歡這個題目，但可以預見一些阻礙，所以也向她提出來。夏綠蒂很快的在電話上便把這些問題一一解決。我還是很猶豫要不要再多收一名學生，特別是這麼年輕的孩子。她一定從我的語氣中察覺到了這一點，因為她立刻跟我討論起這項研究如何能為所有人創造雙贏局面。她已經想好了要把論文投稿至哪一個法學期刊（這顯然對我們雙方都有好處，也有利於眾多利害關係人，包括政策制定者、員警、健康專業人士以及校園行政單位）。在十分鐘的電話中，夏綠蒂展現了創意與批判思考、溝通與合作技巧，以及正面能量與主導這個研究計畫的明確意願，顯示它對她個人和世界都有益處，所以我實在是找不到理由拒絕！她完全具備海豚的特質。

沒錯，夏綠蒂是非常有企圖心的海豚，但她和有企圖心的老虎截然不同。首先，她能隨機應變。這是從小行程滿檔、被管得死死的人所沒有的特質。她自己對學習的熱情和內在動力很明確。她讓我覺得她能獨立作業也能團隊合作。她不是酥脆族或茶杯族，她看起來很滿足於現在的生活，但對未來也有清楚的目標，這一點讓她討人喜歡又易於親近。最後，她給人值得信賴、尊敬和處事公平的印象，這些都是真正的領袖特質。

我知道夏綠蒂打算申請法學院。她的第一志願是史丹佛法學院，世界上最難進的法學院之一。由於我和她的互動很愉快又具生產力，彼此建立了情感連結，因此我希望幫助她追求個人興趣（而非應父母要求），而她自己也滿懷熱忱。在她還沒開口請我寫推薦函之前，我就幫她寫了。我還介紹她認識我的兄弟，他以前也在加州讀史丹佛商學院。由於夏綠蒂很討人喜歡，所以他也跟我一樣變成了她的導師。我把我們幾個共同研究計畫的順位排在最前面，讓她可以在一場全國會議中報告她嘔心瀝血的研究結果，這對她申請學校的履歷表是一大加分。我在幫她寫史丹佛的推薦函時，依照要求必須評估夏綠蒂在創意、溝通、批判思考和合作方面的表現。我在信末寫道：「我在大學和研究所教學和指導學生十多年來，夏綠蒂是我見過最優秀的學生之一，她具備傑出的二十一世紀關鍵技能。夏綠蒂的成功經驗只是大好前程的起點，因為她擁有強大的自我動機來進一步追求她個人對法律的熱情和對社群的貢獻，不管是在史丹佛大學還是更廣泛的世界。」幾個月前，夏綠蒂用電子郵件捎來了好消息，她申請上了史丹佛法學院，滿心雀躍。我很替她開心，但不管她有沒有上史丹佛法學院，我都深信她具備成功的條件。

在海豚式教養之下成長的孩子不管是進入頂尖大學或是找到學業之外的道路，都能勇於走出去到外面闖盪，自己選擇要不要回來，並開創另一片天。如果你心裡想著要上哪找「CQ家教」、「適應力教練」或「平衡營」，我拜託你千萬別這樣！我們好就好在天生就會成長茁壯，而且相當容易達到這些海豚特質，只要除掉潛伏在心中的老虎。我們來仔細看看海豚為子女、自身和群體是怎麼做的，同時享受樂趣！

第四章

海豚如何成長茁壯？

我第一次見到子女的小兒科醫師周醫師時，很驚訝他對小朋友如此有一套。他非常聰明又具企圖心，但真正令人印象深刻的是他的創意。周醫師用一根吸管跟我的孩子玩，同時量好他的頭圍，而這只是一個小例子。我問起他的背景時（我實在忍不住想得到這種資訊），本來以為他應該是受菁英教育，沒想到他說他在印尼一個小鎮的養羊場長大，到十歲才真正得以上學！（當然了，為了這本書做了那麼多研究之後，我現在不覺得驚訝了。）

我們兩個都不是虎爸虎媽養大的小孩，但我見到周醫師時，他擁有我所沒有的能力：用直覺工作。他從來不會強迫患者或他們的父母照他說的話去做，而是讓他們瞭解到自己該做什麼。他真誠的態度讓人想要接近並傾聽他的想法。每個進到周醫師診間的人都很喜歡他，不管是誰他也能相談甚歡。

我過去十多年來接觸過各式各樣的患者，很快就發現沒有所謂一體適用的方法，就算是同一個人也可能遇到不同情況。後來我自己也有了三個小孩，體會到教養也是同樣道理：每個孩子在不同時間點會有不同需求。身為醫生和家長，我也必須時時視當下情況做調整。對我而言，要變得像周醫師那樣直覺敏銳和適應力強，有三項關鍵步驟：一、認清和遵從真正的心意；二、引導而非指導；三、做到以上兩點，同時保持真誠的心態，也就是無論如何都要瞭解並忠於自我價值。

我當醫生當了八年左右才成為父母。成為父母之後，我發現這兩個角色可以相輔相成。醫生希望幫助病人，父母希望幫助孩子。我有心想要幫助病人和孩子，但這樣的用意卻被周遭的負面影響所扭曲。身為家長，我被二十一世紀的教養壓力所帶來的恐懼左右；身為醫生，我也會感到害怕，怕誤診、怕被病人討厭、怕惹上官司。我必須徹底改變思考方式，才能徹底改變我的行動。我要瞭解我是有選擇的，也必須回頭檢視自己想要成為醫生和家長的初衷。身為醫生，我必須重新下定決心，不管怎麼樣都要把患者的健康放在第一位。這是我的工作，緩解他們的焦慮、避免官司或跟他們當朋友都是其次。一旦重新找回初衷，我發現我和患者的溝通變得順暢許多。

我把這樣的道理應用在教養上，助益良多。只要我清楚認知並忠於自己做為家長的用意，也就是養出一個在人生各個層面都能蓬勃發展的孩子，而非僅局限在一條狹窄的道路上（例如：上某間學校或成為我最好的朋友），那麼一切就會變得簡單許多。我做決定時不用再天人交戰，壓力也減輕許多。

一旦真正的用意成為浮現我腦海中的第一件事，我覺得我的心態已經建立好了，但在實際上的表現卻不一定很有效。我常常告訴患者和子女該怎麼做，而不是引導他們發自內心做出行動。舉例而言，大部分的醫生都希望患者過著健康的生活方式，要戒菸、注意飲食和多運動。不過有多少醫生真正幫助患者做到？事實上，有人說現代醫學正在逐漸失效，因為肥胖症、糖尿病、心臟病和成癮症等可修正生活型態疾病（modifiable lifestyle disease）正在以前所未有的速度致人於死。

這是我身為醫生最早認清的事實之一。我的患者幾乎都過著不健康的生活方式，深受睡眠和運動嚴重不足、壓力過大和過於忙碌之苦。因此，我研究了該怎麼幫助他們改變生活方式。我發現用講的只對百分之二十左右或以下的患者有用，這些人已經準備好要改變。這表示百分之八十的患者處於另一種「改變階段」，人們時常稱之為「思考前期」（precontemplation stage，否認或未知）或「思考期」（contemplation stage，已知但無行動）（更多有關改變階段的介紹請見第九章）。所以對醫生而言，命令和指導對多數人完全無效。跟病人說：「你要戒菸、減重、多睡覺、多運動」一點用也沒有。父母也是一樣，跟孩子說：「別胡鬧、專心一點、努力一點、態度好一點」一點用也沒有。

對父母和醫生而言都有用的方法就是「引導」。引導介於指導和無指導、命令和非命令、獨裁和縱容以及老虎和水母中間。引導可以有好幾種形式：給予建議、提供一系列解決方案，或者有時候只需等待對方自己恍然大悟，不過前提是必須要在能夠獲得扶持的關係當中進行。引導也是人與人之間最有效互動的基石，不管你是父母、教練、老師、老闆、經理，還是任何需要處理人的問題的角色。逼迫、命令、緊盯、賄賂、懇求、哄騙，甚至以上策略全部加起來，都不會比引導來得更具有正面效果。

一旦我開始用引導的方式對待患者和子女，我告訴自己：「我現在有了對的用意和對的方法，萬無一失了。」錯。我的方法或許可以用在某些患者和問題上，但並非一體適用。由於我是地方上少數專門研究青少年成癮症與動機的醫生之一，我發現青少年和他們的父母面臨了愈來愈複雜嚴重的問題。有時我覺得心力交瘁，開始懷疑自己的方法是否正確。某些難搞的青少年我可以應付，但不是每個人我都能搞定。我永遠都忘不了我在剛入行不久輔導的一名十五歲男孩，經過幾個月的會面之後，他憤怒的跟我說：「康醫師，你是個笑話，跟你講話簡直是浪費時間。連我兩個星期前剛剛搬來的鄰居跟我打街頭曲棍球都比你有幫助。」我感到五味雜陳。聽到我的年輕患者能有突破很棒，但我還是忍不住覺得挫敗。

再一次的，我想知道怎麼樣才可以影響他人，於是我走出辦公室去找答案。我愈研究愈發現最後的答案極為驚人，但又完全可以預測。我直覺上知道這個事實，卻將它埋藏在我所有科學技術之下。這個道理很簡單：從我們內在真正的模樣就可以得知我們有多少影響他人的能力。最能有效改變他人一生的父母、治療師、老師、教練和導師都有一樣的特質。不管他們接受過多少訓練、上哪一間大學或擁有幾個學位，他們的真誠、同理心和善良造就了他們的影響力。對我而言，這是好消息也是壞消息。我覺得自己真誠、善良也有同理心，但要百分之百發揮出來幫助病人還是心有餘而力不足，尤其是難搞的青少年！

為了讓真誠的自我和外在的行為能夠產生更強的連結，我開始向患者展現出更多同理心，用小動作釋出善意，露出更多微笑，認真看著對方的眼睛，把更多時間花在對他們來說真正重要的事情上，而非我自己計畫完成的任務。我下定決心要保持真誠態度，絕不說連我自己都不相信的話，因為這麼做等於是自尋死路，尤其是當對像是青少年，就算你用意良善、方法正確，他們還是能一眼看穿你的虛假。舉例而言，我終於向一名憤怒的十五歲男孩（和我自己）承認，他讀的學校（「最好的」大學之一）並不適合他的本性。這間學校對他的個性來說太嚴格和制式化，而且他說得沒錯，他的人生正在逐漸被「摧毀」，因為大家都否認這個事實。一旦我設身處地為他著想，我開始感受到他在這個體制之下有多綁手綁腳、處處受限，以及他累積了多少怒氣，因為沒有人注意到或承認他被困住了。我真誠和善的對他的進退兩難表達出同理心，因為我感同身受，即使他的雙親對我的發言很不滿。我的同理心並沒有讓他放棄學業，像他爸媽害怕發生的那樣，反而激勵他去過關斬將取得學位，因為他終於覺得有人理解他了。我的同理心讓他擺脫惡性循環，不再一心只想著要證明自己是對的。我的行動不僅幫助我展現更多的真誠、善良和同理心，也讓我變得更加真誠、善良和具有同理心。

教養也是一樣。我聽過許多青少年說：「對，我爸媽或許愛我，但我不覺得他們喜歡我或真正瞭解我。」這些個案的父母可能沒有對孩子展現出同理心。孩子只會感受到父母表現出來的樣子，而非我們內心真正的感情、想法和用意。有些父母認為他們必須戴上滴水不露的權威面具，有些則認為他們在孩子面前必須完美無缺。不過，父母要是從不顯露內心深層的恐懼、擔憂和弱點，孩子會誤以為有這些情緒不恰當或甚至不正常。一旦失去真誠，親子之間就會產生距離。

威信型教養的好處

海豚教養法不僅僅是一種教養型式。如果你正在閱讀本書，你可能原本就認為教養的目的不僅僅是讓孩子守規矩、得高分或是和父母感情好。重點在於培養孩子和世界建立健全關係，包括社群、職場、伴侶、兄弟姊妹、子女、父母和最重要的——自己；培養他們成為世界不可或缺的一部分，坦然面對人生的起起伏伏，並將有限的生命做最好的利用；最後，培養他們以決心和努力迎接挑戰，充分發揮熱情與天分，對自己的成就感到自豪，不屈不撓並找到身心靈的平衡。

海豚的處世之道是一種哲學、一種生活方式。它不只是一種對待孩子的方法，也是和孩子相處的方式，能讓你自在過活。它的目的不是把孩子變成某種樣子，而是帶出他們和你自己本來就擁有的特質。海豚的處世之道來自於直覺，不是需要學習的新東西。我們僅需喚醒自我或啟發自覺。

我在前面第一章探討過兩種適應不良的教養模式：獨裁型（老虎）和縱容型（水母）。只要想一想它們有多少缺點、帶來多嚴重的問題，你很容易就會選擇海豚教養法。在兩者之間抓到完美平衡的教養法是威信型（是的，這個詞很容易跟獨裁型搞混），它也是海豚教養法的核心。

在威信型的海豚教養法中，父母顯然是權威人物（不是朋友、特助、直升機、奴隸或沒人性的監工），這一點應該不令人意外。海豚父母建立清楚的規定和準則，和孩子講道理並回應孩子的情緒需求（而非要求、哄騙、賄賂和強迫）。他們對於管教的觀念是肯定而非限制、支持而非處罰或輕蔑。**和縱容型的水母父母不同，海豚父母會執行規定，不會讓子女的壞行為過關**；他們也和獨裁型的老虎父母不同，不會吝於展現溫暖的一面，並解釋規則背後的道理。威信型的海豚教養法有以下優點：

- 溫暖的態度和即時的回應能幫助孩子形成安全的感情依附，避免他們將憂鬱和焦慮等問題內化。
- 實施限制能降低孩子做出不良行為的機率，像是攻擊、衝突和酒精藥物濫用。

- 溝通想法與感受能增進孩子的同理心、情緒管理和人際關係技巧。
- 對孩子在課業上的掙扎表示理解，能幫助他們成為更好的問題解決者和學習者。
- 鼓勵孩子獨立能幫助他們發展出自立和助人的能力，並擁有更好的情緒健康。

有關不同教養模式的研究在在都顯示出威信型教養能為親子提供最正面的結果。與獨裁型或縱容型相比，威信型父母養大的小孩比較不會憂鬱和焦慮，自尊心較高，被評為較「利社會」（prosocial）與和善，生活品質也較佳。一份美國研究指出，擁有威信型父母的大學生認為父母對他們的影響比同儕多。不僅如此，當整個社群都用威信型的方式運作，這種教養法能發揮最大效用！

要在獨裁型的老虎和縱容型的水母之間取得平衡並不容易，但威信型教養是海豚父母的成功關鍵。海豚教養法不只帶來平衡的親子關係，也讓人生各個面向平衡發展。唯有保持這樣的平衡，我們才能蒸蒸日上。

創造平衡人生的藝術與科學

大自然會因為我們仰賴直覺行動而給予我們獎勵。這些獎勵會以複雜的神經化學物質互動（neurochemical interaction）形式出現。舉例而言，腦內神經化學物質多巴胺一經釋放，我們就會立刻感到幸福洋溢。我們做出行動，接受到多巴胺的獎勵，就會被驅動想要再做一次。這是大腦正向回饋循環的基礎，如下：做出有利於生存的行動→透過多巴胺途徑得到正面獎勵→感到幸福→獲得自我動機，想要再次做出有利於生存的行動。

物種為了生存才有這些生物機制，這種回饋循環讓我們保持健康、繼續繁殖。我要釐清一點：我指的並非不自然引發多巴胺的行為，像是吸毒和飲酒。有些人在自然的多巴胺釋放機制失衡、無法正常運作時會依賴這些成癮物質。這些物質危險的地方在於它們掩蓋我們對於健康的直覺，強迫多巴胺不自然的釋放。舉例來說，古柯鹼會引發大量多巴胺，讓幫助我們生存的自然神經化學機制癱瘓。

如果你開始做一些負面行為，這些回饋循環也會產生作用，像這樣：做出不利於生存的行動→接收到神經化學訊號，例如疲勞、壓力和飢餓→感覺很糟→瞭解訊息以改變行為→做出有利於生存的行動→透過多巴胺途徑得到正面獎勵→感到幸福或喜悅。但這些機制只有在我們傾聽內在聲音時才管用。若我們忽視訊息，感覺就會愈來愈糟，直到最後發生嚴重問題，生存受到威脅。

身為父母，如果我們能幫助孩子和正向回饋循環連結，我們的工作就會輕鬆很多，因為人類與生俱來擁有平衡和自我動機。沒錯，我們天生就有平衡感，會自然而然追尋健康與快樂。我們通常並非生下來就患有糖尿病、肥胖症或高膽固醇，也沒有憂鬱、焦慮、無感或缺乏動機的症狀。大部分的寶寶即使生來病情嚴重到足以危及性命，像是先天性心臟病，還是會自然的顯現出喜悅、愛和好奇心。有時孩子們會由內而外發出光芒，我只能用某種活力和精神來形容。所有孩子都擁有這樣的光芒，我們都從自己的子女或其他小朋友身上看過。

這種光芒有時在大人身上比較難看到，但通常還是存在的。身為大人，我們在跟子女玩耍、完全沉浸在音樂或運動中，或是將壯闊的自然美景盡收眼底時會看到和感受到這種光芒。動物也一樣，這可能是我們如此喜愛寵物的原因。如果你曾看著一隻狗在野外奔跑，讓風吹拂在臉上，你就可以瞭解我在說什麼。

這種光芒會怎麼變化呢？年復一年，我看一個又一個孩子、一個又一個病患內在的光芒閃爍不定、黯淡朦朧，甚至熄滅消失。我曾問自己：「孩子們內在的光芒是否本來就會消逝？這在人類的一生當中屬於正常現象嗎？」我的第一個想法是：「我們不能永遠都當孩子，自然會長大成人。」但長大成人非得失去活力和精神不可嗎？當然不是所有孩子或青少年都會失去生命的活力，很多人不但保有，甚至隨著年紀增長變得更加活力充沛。這要怎麼解釋？這些閃閃發光的人除了平衡感之外，還擁有自信、好奇、創意、獨立和重感情等特質；光芒黯淡的人則過著充滿恐懼、焦慮、無感、疏離、憂鬱、憎恨和自怨自艾的失衡人生。

許多常見的健康問題像是焦慮、憂鬱和成癮的原因固然複雜，但往往都是基因和環境之間互動失衡所引起的（糖尿病、肥胖症和心臟病也是同樣道理）。我們（還）不能改變基因，但可以改變環境；改變了環境，就可以改變這些疾病繼續蔓延的風險。愈少接觸到有毒的生活方式、愈常接觸到健康的生活方式愈好，而且愈早這麼做愈好。你如果治好了糖尿病、心臟病或心理疾病，但又繼續接觸已知的生活毒素，那很有可能會舊疾復發。舉例來說，有糖尿病的人攝取糖、有心臟病的人攝取膽固醇、有心理疾病的人受到睡眠剝奪，都會導致舊疾復發的機率升高。與生活方式相關的疾病在開發中國家愈來愈猖獗，顯示出失衡的生活方式可能是人類有史以來最大的威脅。不過，不管你信不信，要對抗這個威脅很簡單，但請記得，很簡單不代表很容易做到。

治療生活方式疾病的關鍵在此：首先，處理嚴重的失調以避免更多風險（可能包含藥物治療、手術或戒癮等介入）。接著加強認知（透過教育和療法），學習對的技能以改變生活方式，達到平衡。一旦狀況穩定下來，也有了對的技能，便可以回到我們自然而然會依循的正向回饋循環，而且跟來自內在的訊息產生更多連結。這比單純治療疾病的效果好多了。就像我之前說的，很簡單，但不一定容易做到。

我的意思並非這些疾病都是我們自己造成的。雖然所有人類都可能得到生活疾病，但有些人天生比較容易得到其中某一種，即使跟他人過著相同的生活方式，罹病機率就是比較高。此外，人類一下子失去健康和活力的原因百百種。有時童年受虐或摯愛之人死亡等心理創傷會導致生活驟然失衡。有時罪魁禍首是糟糕的老闆或老師。日常生活壓力也經常是壓垮我們的肇因。一個快樂的童年有助於建立堅強心靈，但心靈再堅強的人要是受到太大打擊也有可能失去重心。我們的生活方式和身心層層連結、密不可分：我們必須尋找、注意和用心傾聽身體傳來的訊號，因為一個小小的疏忽都會讓身心衰弱而倒下。在數不清的醫學相關領域例如：精神病學、心臟學和內分泌學，生活方式失衡已經成為最快速成長的疾病主因。

身為家長，我們有責任幫助孩子透過平衡的生活方式建立堅強、彈性的心靈。海豚用直覺養育孩子，所以才能培養出這些特質；海豚不會強迫子女做任何事，而是引導牠們走上正確的方向；海豚讓子女經歷錯誤所帶來的自然後果並從中學習；海豚會設下安全網，讓子女不受到傷害，但也會給予很多自我改正的機會；海豚大部分的時間親切又大方，但也有自己的忍耐極限；海豚與子女順從直覺，比人類更能清楚的聽到大自然的聲音，不會跟生物本能作對，因此很少像人類一樣失衡。

海豚不只比許多人類更會依照天生的直覺吃飯、睡覺和運動，在日常生活各個層面也一樣。人類在這方面嚴重不足，尤其是老虎父母。除了基本生存需求，人類也會因為做其他活動（令人意想不到的）而獲得重賞。不同於某些說法，這些活動並非「奢侈」，而是生存必需，否則它們不會引發神經化學物質釋放，讓我們得到獎勵。這些活動也是適應和茁壯不可或缺的要素，能增進CQ、提升幸福感、激發自我動機。參與以下這些活動能夠馴服心中的老虎，讓生活達到平衡：

- 自由玩耍
- 勇敢探索
- 建立連結
- 全心貢獻
- 持續挑戰

好在我們天生就會想去做這些活動，因為它們帶來健康、動機、幸福、喜悅和活力等獎勵。「活力」是持續活得有意義或有目的能力，給予生存和成長力量。活力不是少數幸運兒才擁有的東西，我們每一個人身上都有。

壞處是如果我們忽視大自然的引導，不去做這些活動，生活就會失衡，跌倒受傷是遲早的事。我們會先失去活力，接著連幸福、喜悅、自我動機和健康都會一併流逝。

還有人心存懷疑嗎？有的話，問問自己，你怎麼樣會自然感到幸福和喜悅？你在一天或人生當中做什麼活動會由衷開心？你一開始可能想不太到，但仔細思考後，你會同意上述活動會為你的生活帶來幸福感或喜悅。你有沒有注意到我用的字眼是「幸福」和「喜悅」而不是「感覺良好」？購物血拼、喝一杯葡萄酒或吃一塊巧克力蛋糕都能讓你感覺良好，但幸福和喜悅維持的時間不會只是數分鐘或數小時，而是在你回想起來時能讓你不自覺微笑，而且不帶一絲罪惡感或後悔（你現在知道為什麼購物、酒精和蛋糕做不到了吧？）。基本上，在你感到幸福或喜悅時，大腦會給你自然線索，告訴你該怎麼做。我對這一點無庸置疑，因為這些結論都來自於人類生物學。傾聽這些線索，你就能實現自我。你的作為將決定你成為什麼樣的人。

真正的成功：基於平衡與高期望

你看完上面的活動清單可能會想：「我的小孩如果要成功，才沒有時間玩耍、探索、連結或貢獻。」你可能覺得玩耍和貢獻一點都不重要，想要跳過書本這幾章，直接看怎麼樣才能讓孩子上一流大學。如果這是你的目的，那麼你絕對不會想要跳過這幾章。你將在這幾章發現怎麼樣可以建立堅固的內在控制點，怎麼樣可以真正從內在驅動人們邁向各方面的成功。

有些人認為僅有透過失衡才能得到事業或財務上的「成功」。他們指出在各領域爬到金字塔頂端的工作狂都是犧牲睡眠、玩樂、友誼和利他行為才能得到這個地位。遺憾的是，對許多這些成功人士而言，「成功」感覺一點都不成功。這就是為什麼我們會看到這一群人有這麼多麻煩和疾病，包括憂鬱、心臟病、貪腐、成癮、自殺和早死。

還好有另一群成功人士真正體現了成功的意義。我們有時候可能會聽到他們的傑出事蹟和巨大貢獻，但不太知道他們私底下如何過著卓越的生活。這一群人得到真正的成功不是透過失衡，而是嚴守平衡，不管人生發生什麼事。菁英中的菁英在各方面都是平衡的，他們睡覺、運動、玩樂、探索、建立連結、做出貢獻也充滿自我動機。

由此不難看出老虎父母其實對孩子的期望很低。他們並沒有幫助孩子體現成功在各方面的真正意義。老虎父母阻斷了人類登峰造極的潛能。我們的孩子大有機會獲得人生的活力與喜悅，但老虎父母卻設下低標。海豚是不會犯這種錯的。

各就各位，預備，開始！

我們已經充分瞭解二十一世紀的父母面臨的兩難，也知道什麼是更好的解決方法，現在可以更深入的來探討海豚之道。

好消息是我們一定能夠改變行為、教養方式甚至自己的本質，不管我們年紀多大、有什麼成長背景或根深蒂固的習慣。成人的大腦可以產生形式和功能上的轉變，這一點在過去一百二十多年來都是科學事實，但神經可塑性（neuroplasticity）的證據直到近期才出現而形成定論。

我們的大腦有超過一兆條神經元連結，這些連結有的會形成習慣（好的跟壞的），有的會形成有利或自我設限的觀念，還有無數條有可能出現但尚未出現的連結。也就是說，當神經元不斷的同步發射，大腦會形成新的路徑，啟動化學變化，讓連結更加緊密。就像森林裡的步道，愈常被使用，痕跡就愈明顯、愈容易走，我們的神經元路徑也是愈常被使用就發展得愈好。當我們重複某種行為，相應的神經元路徑會發展出更多樹突連結（dendritic connection）（路徑變得更寬敞）和髓鞘（路徑變得更平滑）。我們的習慣和行為就是這樣來的，神經元路徑長期下來鋪設和使用的結果。行為改變，我們也會跟著改變。我們把精力投注在哪裡，那個地方就會發展。神經可塑性讓我們有機會改變，過更美好的人生。

我們先來談談改變的歷程。首先，我們會看生存的基本原則如何為人生奠下堅實基礎，接著探討老虎在二十一世紀欠缺的其他成功關鍵。一旦我們知道了對的生活方式，會再來仔細說明海豚教養法工具包，以及如何使用它來加強威信型教養法。然後我們將回顧教養和生活的普世目標：自我動機。最後，想想看以海豚之道養大的孩子會是什麼模樣，並以你自己的直覺做為教養指南。

讓教養找回平衡的處方

在這個歷程中，我們將重新和直覺連上線，開始進行調整。我會引導你從管過頭的老虎父母轉變為以身作則的海豚父母。到了最後，你和你的孩子將會更接近健康、快樂和持久的成功。我怎麼能這麼肯定呢？因為我們人類的原廠設定就是擁有活力、喜悅的人生。我們天生就該這麼做，只要順從自然，不要背道而馳。

我每天在辦公室不只開醫藥處方給患者，也引導他們獲得生命所必需。信不信由你，我會在處方箋寫下生活方式建議，像是「睡覺」、「吃健康一點」、「運動」和「出去透透氣」。我也會寫下動機和親子關係策略，像是「發揮同理心」、「保持樂觀態度」、「注重過程而非結果」以及「過平衡的生活」。這些處方看似簡單，但效果極佳！如同設定期限能幫助你準時完成案子，這些睡眠、玩耍和運動的處方提醒我的患者，他們需要注意和照顧自己的身心以及生活方式。如果你睡眠或玩樂不足，我也會建議你多睡多玩。把這些事項當成處方一樣寫下來能幫助你保持專注不失焦。有些處方是直白的命令，有些是強烈的質問，有些則包含三個部分：一、提供有利環境；二、為孩子以身作則；三、引導孩子照著處方做，邁向成功。有時你需要的只是一個有利環境。

順帶一提，這些處方不只適用於你的孩子，也適用於你。你自己過著平衡生活是你以身作則引導孩子也過平衡生活的最佳方式（況且，你在失衡狀態也很難有效教養孩子）。我開給父母的處方如下：

・認清大自然的訊號

你的身體怎麼讓你知道你失衡了？有些人會想睡覺，有些人失眠，有些人變得易怒，有些人變得無感，有些人以上皆是。你的訊號是什麼？

・認清你在不知不覺中可能得到哪些疾病

如果你一直無視大自然的訊號，什麼疾病可能會找上門？有些是生理，有些是心理，有些讓身心都受到影響。提示：我們經常有罹患基因疾病的傾向，想一想你的血親。

・認清哪些基本生存活動

你可能做得太少或根本沒做舉例來說，想一想你每天睡幾個小時，吃多少健康食物，做多少運動。

在後面的章節當中，你將會得到更多處方，讓忙碌不堪的生活重新找回平衡。準備好了嗎？讓我們開始行動吧！

第三部

身體力行：均衡發展能造就二十一世紀的成功

第五章

打好基礎為首要之務

我有一名患者史提夫是個賺了很多錢的銀行家。但史提夫算是「成功」嗎？他一天工作十八個小時，鮮少看到孩子，雖然他覺得自己「給了」他們很好的生活。史提夫一天睡四到六小時，總是靠咖啡、可樂和酒精來補充體力。他的飲食習慣很糟，整天坐在辦公室，很少起來運動，體重不斷增加。史提夫發現自己變得很不健康，但他什麼也沒做，依然工作至上。最後他患了失眠，膽固醇和血糖升高，也因為久坐導致嚴重腰痛。經過了數月的失眠、痛苦、壓力和焦慮，他的工作表現開始下滑。史提夫只好服用奧施康定來熬過這一切。有一天，他出差時被發現死在飯店房間內，毒物報告顯示他的血液裡有過多酒精和奧施康定，法醫無法判定史提夫服藥過量是自殺還是意外。

從史提夫的死亡我們不難看出他的生活出了什麼問題。然而，我們許多人每天還是在犯跟他一樣的錯誤。我們處在一個有毒的文化，逼著我們辛勤工作以獲得生活所必需。我們的食物被汙染，空氣品質很差，長時間坐在爛椅子上，睡眠不足則是常態而非例外。我們為什麼要過這麼不健康的生活，還不合理的要求孩子照做？我認為一部分的原因是我們雖然可以輕而易舉的看到疾病的樣貌，但對於什麼叫做「健康」卻懵懵懂懂。我們常常不知健康為何物，直到失去它。我們不會感覺到健康亮紅燈，直到疾病的症狀開始作怪。健康「沒有症狀」，一不注意就有可能離我們遠去。我們為了不同症狀和疾病發明各種字彙，卻少有詞語形容健康和福祉。我相信健康的最佳定義就是平衡，不管是身心靈或社交層面。平衡為我們帶來活力，因為健康不是只要不生病就好了。

海豚跟所有動物一樣，腦中第一個想到的就是生存。但人類很奇怪，雖然擁有高度智慧，卻常常把其他較不重要的事情擺在生存前面，像是為了做作業而不去運動，或是寧願上網上到半夜也不睡覺。扭曲的優先事項排序深深的影響了自然且健康的回饋循環。為了導回正軌，我們必須重新檢視並瞭解生存的基本要素，將它們放在第一位。

這些基本要素對成人來說不可或缺，但對大腦和身體都還在發展的兒童更是至關重要。孩子均衡成長需要一個均衡環境。事實上，著名的神經可塑性（大腦在形式和功能上轉變的能力）不能沒有這些基本要素：睡眠、營養、運動，以及我所謂的「正念」（mindfulness），也就是關注周遭世界的能力。本章節的重點就在此：最容易被忽略的人類需求。

你不必成為醫生就可以知道下面這些處方對你大有幫助，就算你沒有生病可以遵行。這些都是所有人類本來就應該做的行為。但在我們更深入探討海豚之道前，先來解決簡單的問題。就像你ＩＴ部門的同事在幫你處理電腦的疑難雜症之前，都會先問你開機了沒，我們也要先確認最基本的人類需求已經被滿足，再來應付更棘手的狀況。

為了邁向健康、快樂和真正成功的生活方式需要至少兩個步驟：一、擺脫不健康、不平衡的老虎；二、多做一些海豚（或平衡）的行為。或許擺脫老虎就夠了，因為健康和平衡是人類生活的原廠設定。可惜的是，雖然我們拚命追尋，但還是沒有神奇魔杖可以一揮就讓我們變得健康，只有付出努力一途。如同《星際大戰》的尤達說的：「你必須忘掉一切你所學」以及「不要用試的。要嘛去做……要嘛別做。沒有試這回事。」

處方

給孩子一段自己的時間

每天幫孩子排出一點休息時間，並利用這個時間讓自己悠閒一下。別期望這件事會自然發生，你要讓它發生。沒錯，你可能需要取消一些活動。

你的第一個反應可能是「要這樣也是可以，但我的孩子每個活動都很喜歡，不去他會無聊」或「我不覺得我的孩子有壓力」。假如你在某個特定環境下長大，你會渴求這個環境，因為你只知道唯一一種。沒錯，你的孩子可能會要求做這個、做那個，但這不代表她需要它，她可能只是不知道沒有這些活動還能做什麼。這不是好現象。即使她真的樂在其中，假如沒有充分的休息時間，還是會感受到壓力。跟崩潰、痛哭和焦慮發作一樣，時時刻刻都需要激勵是壓力太大的徵兆。就算我沒有感受到壓力，大腦還是會在我過度忙碌時提出警告，我想你應該也是。我的話會變得更加漫不經心，連預約看診這種重要的事情都會忘掉！雖然看起來無傷大雅，卻是大腦帶來的壓力症狀，我們必須真正瞭解「疲憊」的狀態或感覺代表大腦出了狀況。過度忙碌不只讓大腦備受壓力，身體也一樣。一有壓力，身體就會釋放出皮質醇和腎上腺素等壓力荷爾蒙。這些荷爾蒙在短期之內或許可以幫助我們撐過忙碌日子，但身體和大腦如果日復一日都泡在皮質醇和腎上腺素當中，後果不堪設想。最後，請記住這種決定不應該由孩子來做。

當然了，在某種程度上，我們都希望自己處於忙碌狀態，因為這代表我們很重要。老實承認吧，我們都很愛跟別人談論、在臉書上發言和在部落格寫文章說我們做了哪些好棒棒的事。對於那些「不怎麼忙」的人，我們可能會認為他懶惰、沒企圖心或不重要，才會哪裡都沒被邀請、什麼都沒參一腳。不過，忙到不可開交、精疲力盡又睡眠不足並不是身分地位的象徵，只代表你失控了。

處方

深呼吸，多留心

海豚不管到多遠的地方、惹了多少麻煩或變得多忙碌，都會留意周遭環境並深呼吸。我們人類也必須記得，不管人生發生多不順遂的事都要冷靜的吸氣、吐氣。深呼吸讓我們解除「戰鬥、僵立或逃跑」的恐懼模式，意識到選擇的存在。如果我們被恐懼驅使，罔顧周遭環境，別說獲得健康和活力了，連要生存下去都很難。

要達到自覺和自我控制，適當的深呼吸是第一個也是最重要的關鍵，這一點在生物學、心理學和現實中得到一次又一次的驗證！呼吸完全是本能，但深呼吸是自願的，可以由意識控制。有意識的深呼吸能讓擴張的肺裡的接受器受到刺激，發送訊號給大腦，告訴它我們沒事。我們深呼吸時，自主神經系統（也就是「戰鬥、僵立或逃跑」系統）會關閉，開始意識到選擇。如果我們呼吸得很淺、很紊亂，會讓二氧化碳累積，告訴身體我們要窒息了，必須戰鬥、僵立或逃跑。如此一來，我們就會感到更加焦慮、慌張或生氣。

在吃飯、工作、運動、社交或表演時深呼吸有兩個好處。第一，讓我們自然而然放鬆下來，降低焦慮和煩躁；第二，讓吃飯、工作、運動、社交或表演都能控制得宜。有了適當的深呼吸，我們面對的困境絕對會更容易迎刃而解。只要我們持續不斷的深呼吸，在生理上就不會感到焦慮、慌張或憤怒。

引導孩子進行有意識的、適當的深呼吸能讓他們建立一項一生受用的工具以面對壓力、低潮、焦慮、擔憂、怒氣或失控情緒。這項工具將幫助孩子管理身心，用更清晰的思緒解決問題。雖然深呼吸有這些好處，但我每天還是看到孩子和家長不懂或忘掉這件事。

要適當的深呼吸並不是每一次都很容易，特別是在陷入焦慮、慌張和憤怒時。不過，就跟人生中其他事情一樣，多練習就會上手。舉例來說，即使我過去十幾年來每天都在談深呼吸的好處，還是沒有時時做到。我知道它有多重要，但如果沒有持續練習，我也感受不到適當深呼吸的力量。關鍵在於「持續」。很多人可能會說：「我試過深呼吸，但對我沒用。」我過去也這麼認為。光是幾個深呼吸不可能幫助我度過受傷、焦慮和憤怒的情緒難關。我很高興可以告訴你：如果你曾經因為情緒問題覺得失控，做幾個適當的深呼吸一定能幫助你找回控制權。適當的深呼吸是人類天生內建的自我控制機制。你現在可能還不相信，但只要你開始練習深呼吸，就能改善人生。如果你繼續練習，你會看到自己愈來愈能掌控人生，而不是讓人生際遇掌控你。

要維持規律的深呼吸，練習「正念」是絕佳方法。正念是一種主動、開放的專注於當下的狀態。為了本書目的，我將談談以正念當作「密切留意」的練習，也就是意識到我們的內在和外在環境。這個練習讓我們跟外在的視覺、聽覺、味覺、嗅覺、觸覺以及內在的情緒和思考緊密連結。正念練習可以是很簡單的環顧四周，注意看看有什麼，例如看著你的盤中飧，注意你即將要吃下什麼和多少食物；也可以是很簡單的直視孩子的眼睛，注意你看到了什麼：另一個生命正在尋求你的愛與引導。看著孩子的臉部表情，聽著他們說話的語調，你可以得到比數小時對話更多的收穫。

複雜的神經影像（neuroimaging）研究顯示，正念能改善大腦結構。當我們密切留意，我們的大腦會釋放「腦源性神經營養因數」（brain-derived neurotropic factor，BDNF），它是神經可塑性必要的關鍵化學物。我們在一心多用時不會釋放BDNF。所以如果你沒有留意，你會錯過這些天大的好處：降低壓力、排解恐懼、管理情緒、增強專注、改善學習與工作記憶、提高人際關係滿意度、強化免疫功能、道德、直覺以及認知彈性（cognitive flexibility）。身為一名醫師，我想不出來還有什麼方式比正念更能打擊生活方式疾病。

我一開始也很懷疑我的青少年患者能不能接受正念練習，心想他們一定會覺得做這件事「很怪」而拒絕我的提議。令我驚喜的是，我解釋了什麼是正念以及它可以帶來的好處之後，許多青少年患者開始變得有興趣。在某種程度上，兒童與青少年比成人更相信自己的直覺，因為成人多半容易想太多也比較沒有彈性。我有些青少年患者參加了禪修、正念或瑜珈課；請教練或指導員在運動練習的前五分鐘進行正念活動；

下載正念的教學影片；訂閱正念的電子報或加入臉書粉絲團。許多人選擇很簡單的在一天之中「拔掉電源」幾分鐘，試著放鬆。也就是一天花個幾分鐘放下手邊所有電子用品，清空腦袋中所有忙亂思緒，把全副注意力放在呼吸這件事上。

很多家長告訴我：「我的孩子絕對做不到。」但他們就是做得到，屢試不爽。不管是哪一種形式的正念練習，持續進行的孩子能得到最大效益。我看過孩子和家庭在面對滿檔行程變得較不煩燥，甚至更好的是，意識到他們的行程有多滿，做出減少活動的明智之舉。我看到焦慮程度降低，心情撥雲見日。我看到睡眠、專注力和表現都大有進步、創造力提高，最重要的是跟自身、他人和世界有了更緊密的連結。正念有這麼多好處是因為它幫助我們脫離自動駕駛模式，變得更充滿活力和自覺，而訓練正念最簡單的方式就是深呼吸。

創造有利環境

我們身心放鬆時，自然會更留心內外狀態和適當的深呼吸。盡量讓你的孩子處於可以放鬆的地點、被令人放鬆的事物圍繞，像是新鮮空氣、自然和寵物。大部分的孩子都會被這樣的事物吸引，所以有時候你不用介入，只要讓他們自己好好放鬆即可。

以身作則

讓孩子看到你重視正念以及適當的深呼吸。每天練習幾次放慢步調或深呼吸：吃早餐、開車、散步、坐在桌前、躺在床上或排隊買咖啡時。當你覺得壓力很大或生氣時，試著在孩子面前適當的深呼吸，甚至請孩子幫助你做。如果他們看到你努力嘗試，即使很難做到（而且你可能會太早放棄，照樣驚慌或發火），他們還是會重視並努力去做。記住，我們處在壓力之下會更難控制呼吸，所以才更要去做。

引導孩子邁向成功

向孩子解釋深呼吸的好處和淺呼吸的壞處。舉例而言，深呼吸等於對大腦說我們沒事，淺呼吸則表示我們陷入麻煩。在現實生活中看到淺呼吸的壞處時把它指出來。如果你的孩子看起來焦慮或憤怒，提醒她注意自己的呼吸模式。告訴她怎麼透過調整呼吸來自我控制。你也可以跟她一起深呼吸。要讓呼吸協調一開始可能不容易，需要多加練習。幫助孩子用一致的方法深呼吸，直到上手為止。

正念練習

下面提供一個簡單的練習，幫助你發展正念。試著做四到五輪，觀察你的身心如何放鬆。

平衡呼吸法

吸氣數四秒，然後呼氣再數四秒，都要用鼻子才能增加自然阻力。你可以把時間拉長到六至八秒，但心中要記得同一個目標：緩和神經系統並集中注意力以降低壓力。關鍵在於緩慢的深呼吸。你的孩子可以在任何時間和地點做這個練習，但在睡前做特別有效，專治胡思亂想或焦慮導致睡不著覺的狀況。

方格呼吸法（box breathing）

讓孩子慢慢的用一根手指「畫」方格，同時深呼吸。先從左邊開始，由下往上「畫」直線，吸氣；再往右「畫」橫線，憋氣；接著往下「畫」直線，吐氣；最後往左「畫」橫線，憋氣。這個練習讓你在吸氣、吐氣之間刻意停頓。在考試前、表演前或任何帶給你壓力的場合試試這一招吧。你也可以用格言或激勵話語來加強神經可塑性。這些話語必須真的反映出你的焦慮但不失樂觀。例如：往上畫時說「現在感覺好可怕」，憋氣，接著往下畫時說「但一切都會過去」，然後再憋氣。試試看，效果將會讓你大吃一驚！

處方

喝水

海豚從食物中獲取需要的水分，身體也具有複雜的生物機制得以將海水濾出。水是維繫我們生命的重要成分，人類卻經常忽略這一點，許多人在日常生活中處於脫水狀態。事實上，每三人就有兩人水喝不夠。咖啡、茶、可樂、酒和飲料都不能取代水。其實咖啡因和酒精飲料具有利尿作用，也就是會促進排尿，導致身體脫水。

我們的身體每天會用到三至四公升的水以維持重要功能，像是調節體溫、代謝營養素，以及對關節、器官和組織產生緩衝作用。我們要攝取充足水分告訴大腦我們沒事，才得以進行其他生存活動。水能減輕煩燥、疲勞、精神不濟和焦慮。反觀脫水會導致虛弱、暈眩、精神錯亂、精神不濟、心悸、行動遲緩和暈厥。

為什麼會有人不喝水呢？有些人只是忘了，有些人只選擇飲料，有些人則是為了看起來瘦一點，故意不喝水。我有一個病人參加完一場芭蕾舞試鏡後因為脫水而暈倒。我問她為什麼不喝水，以及她的父母知不知道她這種習慣，她回答：「當然知道啊！我是因為我媽才想說在試鏡前不要喝水的。她每次想要穿上新洋裝就會這麼做。」

年輕人過度攝取咖啡因是個愈來愈嚴重的問題。人們對咖啡因的需求量相當大，你看看周遭有多少咖啡店就知道！年輕人愈來愈早喝咖啡，也喝愈來愈多含有大量咖啡因的能量飲料。可以的話，盡量避免咖啡因（我自己也還在努力）。如果真的要攝取，量要控制住：一天不超過二百毫升，過了下午三點不要喝。

保持身體水分充足很重要。如果你和孩子都處於脫水狀態，你無法好好教養，你的孩子也無法冷靜和平衡的回應。快去將水杯裝滿水吧！

創造有利環境

試著把所有含糖飲料（包含果汁）逐出家門。我這麼做之後，孩子們哀號了一個禮拜，但之後就沒再提了。如果你的孩子搆不到水龍頭，在水槽前擺個小凳子或台階。如果你住的地區不能喝生水，在家中準備足夠的過濾水或礦泉水。讓孩子帶自己的水瓶去學校和課外活動。

以身作則

你自己要喝水，並且在孩子面前喝。你一天應該喝八杯水。如果你順應直覺，根本不必去算，只要在三餐之間覺得飢餓、疲勞或口渴時喝就行了。

引導孩子邁向成功

向孩子解釋喝水的好處和不喝水的壞處。壞處發生時，將它跟喝不夠水連結在一起（例如：他煩躁的原因可能是脫水）；好處發生時，將它跟喝夠水連結在一起（例如：她可能在喝水之後感到更有活力）。如果孩子覺得累，問他是否可能脫水，並給他水喝。如果孩子看起來活力充沛，問她那天是否喝了水。跟他們解釋含糖飲料會導致脫水，水才是最好的飲料。要孩子注意口渴的感覺，不然它可能會被誤認為飢餓。最後，我有一個聽起來很噁心但非常有效的方法可以教導孩子喝水的觀念。我又自豪又不好意思跟大家說，我教小孩「尿尿學問大」。他們現在知道尿尿顏色太深代表他們要多喝水，目標是要讓尿液呈現清澈的黃色。他們會監測和比較彼此尿尿的顏色，這其實是一個讓他們看見「平衡」發揮作用的絕佳方式（這裡的「平衡」指的是代謝平衡）。如果加上味道分析會有點更噁心，所以先就此打住吧！

處方

吃得健康

海豚和其他自然界的動物很少有過重的情形。我們幾乎不會在野外看到肥胖的動物。大自然為生物攝取營養的作用創造了跡近完美的調節機制。不過，我們有太多人吃得不健康，殘害自己的身體。我們要吃健康的食物來告訴大腦我們沒事，才得以進行其他活動。如果吃得不健康、不均衡，身體會變得失調，大自然也會向我們釋放警訊，像是飢餓、疲勞和易怒。如果我們一直置之不理，就會失衡、生病。

全世界的肥胖人口自一九八〇年以來增加了一倍以上，這已經不再只是北美洲的問題了。體重相關疾病像是高血壓和糖尿病都在世界各地不斷增加。每三名成年人就有一人患有高血壓，導致各種問題，包括致命的心臟病。到了二〇一五年，預估美國人有百分之七十五過重，百分之四十四肥胖。目前將近有三分之二的美國人過重。聽來令人不可置信，但現在已經證實：過重問題致死的人口是營養不良的三倍（撒哈拉以南非洲除外）。雖然兒童肥胖的比例比成人低，但在各地增加的速度非常快。

肥胖會導致多種疾病，包括冠狀動脈心臟病、二型糖尿病、癌症（子宮內膜癌、乳癌、大腸癌）、高血壓、血脂異常（高膽固醇或高三酸甘油脂）、中風、肝臟與膽囊疾病、睡眠呼吸中止症與呼吸問題、骨關節炎、婦科問題（月經不正常、不孕症）以及焦慮和憂鬱症。

厭食症和暴食症的案例也節節升高，還有顯示出某些飲食障礙症狀的部分症候群飲食障礙症（partial-syndrome eating disorders）。摔角選手、體操選手、模特兒和舞者、歌手、演員等表演者都比一般人容易患有這些飲食障礙症。它們影響了高達二萬四十名美國人和七千萬其他地區人口。這些飲食障礙症患者中有九成是年齡介於十二到二十五歲的女性。在大學校園進行的調查當中，百分之九十一的女性曾試圖透過節食來控制體重，百分之二十二「經常」或「總是」在節食。雖然女性一般較容易患有飲食障礙症，但每天有超過一百萬名男性也深受其害。

厭食症和暴食症都和控制有關，但方法不同。暴食症是一種失控的飲食習慣，在暴飲暴食和淨空行為之間不斷循環；厭食症通常是因為患者覺得人生失控而過度控制自己的身體。舉例來說，童年受到性侵大概是一般人所能想像最失控的經驗之一，它是所有飲食障礙症（以及許多精神疾病）的高危險因數。完美主義的父母（也就是老虎父母）是另一個危險因數。

我們和食物之間的關係已經失衡了。在這個世界當中，有太多人位在鐘形曲線（bell curve）的兩端。從這個比例來看，近期不會出現鐘形曲線。身為父母，我們有責任懸崖勒馬，教導孩子如何和食物建立健全的關係。

創造有利環境

把家裡的垃圾食物清乾淨。可以的話，盡量用蔬菜水果、豆類和全麥食物為家人準備三餐。除了攝取營養，還可獲得社交連結的額外好處，海豚都是這麼做的。規律吃三餐並在餐跟餐之間準備點心。至少有一餐跟全家人一起吃。跟家人吃飯是獲得未來健康與成功的絕佳途徑。根據數個研究指出，一星期至少跟家人吃五次飯的孩子比較不會養成壞的飲食習慣、體重出問題或對酒精和藥物上癮。他們也比經常獨自或在外吃飯的同儕有更好的學業表現。

以身作則

讓孩子知道你有多重視均衡飲食，並規律攝取四大類食物。在孩子面前選擇健康的食物。甚至可以告訴他們你也很想吃一片餅乾或一袋洋芋片，但你最後決定吃蘋果或香蕉。如果他們看到你大部分的時間都盡量吃得健康，就算偶爾破例他們也會瞭解你重視均衡飲食。

吃飯的時候好好坐在餐桌上，關掉所有電子用品，看著食物細嚼慢嚥，評論食物的味道以及外觀。吃飯可以是充滿互動和樂趣的，不是一項工作或不用腦的活動。

最後，問問自己是否把體型和自我價值畫上了等號（請勇敢並誠實的回答）。如果答案是肯定的，試著改變想法。我曾聽一位母親說她女兒不喜歡舞蹈老師，因為她「太胖了」。其實女兒一點都不在乎舞蹈老師胖不胖，在乎的是母親。母親在女兒面前這麼說，等於是在女兒心中種下一顆種子，讓她以為可以用尺寸和體型來評斷一個人的價值。我們要重視尺寸和體型，但別過度重視。如果你過度重視，試著為自己建立起平衡的身體形象觀念，必要時尋求幫助。如果你對食物、飲食、尺寸和體型有健康的觀念，你的孩子也很有可能如此。

引導孩子邁向成功

和你的孩子分享健康飲食的好處以及不健康飲食的風險。說明哪些食物為低熱量並富含營養，像是水果、蔬菜和全穀類食物。

大部分的人偶爾還是可以放縱自己享用一下少量的高脂、高糖、高熱量食物。只要你多數時間能選擇讓你維持健康和正常體重的飲食就好。想一想什麼情況可能害你吃得不健康，像是邊看電視邊吃東西，或是看電影時不小心吃進太多爆米花和糖果。

處方

保持活力

海豚跟所有動物一樣都很有活力。牠們偶爾會跳出水面，有時會做出特技動作。科學家無法斷定這些動作的目的為何，可能的原因包括觀察水面上鳥類捕魚的跡象來鎖定魚群位置、與其他海豚溝通、甩開寄生蟲，或單純只是好玩。不管原因是什麼，海豚不會像人類一樣靜止不動。靜止不動會讓你體重增加。大人和小孩都需要活動。

在人類史上的大部分時間，我們都在自然中活動，而非坐在桌子前。活動也會釋放腦源性神經營養因數。心血管運動，像是任何能提高基本心率的跑動，都跟治療憂鬱和焦慮輕微症狀的藥劑一樣有效。一週進行三次三十至六十分鐘的運動能改善這些症狀。運動也能提升讀書效率和考試成績，這可能是因為學習和長期記憶的神經元被啟動而變得更活躍。不論是有更多血液流向腦部、更多的自然多巴胺、血清素和腦內啡被釋放出來以改善情緒並提升專注力與記憶力，或更有可能以上皆是，規律活動都無可取代。

但有個重點要注意：在競技體育中進行的運動對健康來說並不夠；孩子們也需要休閒運動，像是走路、跑步、健行和騎腳踏車。我有很多患者在他們的體育競賽中做了大量運動，但還是患有焦慮和憂鬱症。為什麼呢？當運動伴隨著壓力和過度競爭，心理效益就會下降。當孩子知道教練和父母正在評估他們，目的是要贏得勝利或「表現更好」，而非活動筋骨、發洩精力或開心玩耍，他們不會得到休閒運動帶來的心情提振效果。海豚父母需要確保子女能夠從事讓人休閒的運動。休閒「recreation」這個字由字首「re」（重新）和字根「create」（創造）組成，我們透過休閒運動而非極度競爭的運動才能真正充電和再造。

創造有利環境

現今父母必須更努力才能創造出體能活動的有利環境。現代社會的產物像是汽車、電梯、手扶梯，尤其是「盯著螢幕的時間」，讓我們活動的機會愈來愈少。無論如何，要創造出一個注重規律戶外和室內活動的生活方式並非不可能，特別是一有機會就跑來跑去的小朋友。讓全家一起完成簡單的任務，像是園藝和家事。養一隻活潑的寵物，例如狗，將強迫你到戶外。從事戶外嗜好，像是健行、騎自行車、游泳、露營，任何能讓你樂在其中的活動。在今日的世界中，最重要的是限制螢幕時間。

限制螢幕時間

如果你想讓孩子做愈多體能活動愈好，那就非得限制螢幕時間不可。我跟父母談運動這件事，最常聽到的反應是：「我的孩子動都不想動，只想看電視、上網和打電動。」但這些欲望跟他們所處的環境有關，而不是他們天生不想動。特別是年幼的兒童，他們之所以會有螢幕時間都是因為父母允許。

年輕人平均每天花七小時又三十八分鐘觀看「娛樂媒體」。一般美國青少年每年花九百個小時上學，但花一千五百個小時看電視。

在兒童與青少年時期看太多電視會帶來各種負面影響。一項經過測試的研究顯示，幼兒看電視可能導致後續的注意力問題。童年時期看電視的時間長短也和青少年注意力問題症狀有關連。在控制了性別、童年早期注意力問題、五歲認知能力以及社經地位等變項後，結果依然顯著。這些結果亦獨立於少年電視收看行為。

除此之外，開著電視當背景的影響沒有那麼明顯，但很深遠，包括打斷孩子玩耍。在一項研究中，十二至三十六個月大的兒童如果在玩玩具時父母在同一個房間看電視，玩的時間會比電視關上時短。再來，兒童在玩耍時如果背景有電視開著，形式會變得較為簡單。雖然大部分的電視節目兒童看不懂，可能也覺得無聊，但還是會反覆吸引他們的注意，導致他們無法專心玩耍。不令人意外的是，電視打開時，成人跟孩子交談的時間也比較少，親子之間重要的溝通因此受影響。

我們無法控制電視播什麼節目，或讓電動玩具不要那麼暴力，但我們可以選擇買什麼產品並控制孩子接觸螢幕的時間。美國有百分之六十七的家庭打電動。大約三分之一有幼兒的家庭全天或大部分時間開著電視。美國家庭平均擁有的電視數量不斷上升，從二〇〇九年的二點八六部增加至二〇一〇年的二點九三部。在二〇一〇年，百分之五十年的家庭有三部以上電視，現在每個家庭的電視數量比人多。家裡幾乎每一個房間都有電視和電腦，包括浴室和兒童房。

我以前跟很多父母一樣，會用螢幕時間來帶小孩、做為寫功課的誘因、讓他們乖乖吃飯（我的孩子挑食到不行！），當然還有讓我自己得到片刻的安寧。所以如果我這麼做，怎麼能怪孩子在無聊、要求獎勵或放鬆時想看電視？

我們就老實承認吧，我們在家裡的確是有掌控權的，不論孩子怎麼大吵大鬧。我們可以選擇一、簡單法：孩子愛看電視或接觸螢幕就讓他們去；二、有效法：規定在家裡就是不能接觸螢幕，因為孩子在外面已經接觸得夠多（很單純，但絕對不容易做）；以及三、折衷法（我目前選擇的方式）：設下清楚的螢幕時間限制，無論如何都不能有例外。如果你選擇二或三，請用真誠的同理心和善意向孩子解釋為什麼要做這個決定。你可以說：「我小時候也很愛看電視，所以我知道你很難接受。這不是處罰。所有人都需要平衡的生活才能保持健康，你現在看電視跟做其他人生重要事情的時間比例已經失衡。在我們重新找回平衡之前，要遵守這些限制……」

當然，孩子一定會想盡辦法讓你破例，但只要他們搞清楚不行就是不行」就會停下來。你要重新拿回家裡的主導權可能要花上一個星期左右，可能更長，也可能更短，這要看小朋友的狀況，特別是你能不能堅持原則。一開始幾天可能會世界大亂，別在這個調整期預定重要的晚宴，因為孩子一旦察覺到你的壓力，會趁機要求越線。只要你聽從內在的海豚，人生就會減少很多壓力。

以身作則

讓孩子知道你有多重視活動、運動和伸展筋骨。如果你不照顧自己的身體，孩子很有可能也不會這麼做。能活動就盡量活動，簡單的即可。運動不一定要報名參加各種課程或健身房，當然如果這麼做可以讓你減輕壓力，有何不可！不過，人類在歷史上（直到最近），從活躍的日常生活中就可以達到該有的運動量。連我們父母那一代都比我們活躍，不需要特別排出時間運動，因為平常會走很多路。我做了幾個簡單的決定來讓自己更活躍。能走路就盡量不要開車，找遠一點的停車格（這樣停我的休旅車也比較容易），走樓梯而非搭電梯，每隔一小時就從位子上站起來伸伸懶腰。我告訴子女一整天都坐著感覺有多糟。我開始帶孩子跟我一起去看健康門診。他們看到我趴著讓整脊師調整我的背，或是讓針灸師把針刺進我的身體，會產生很強烈的視覺印象，這就是年輕時不好好照顧自己身體的後果。最近我開始帶我家老大跟我一起去上瑜珈課，在做動作、伸展、呼吸和練習正念時有孩子在旁邊很棒。

引導孩子邁向成功

傳達一致訊息、以身作則以及創造有利環境是引導孩子變得更活躍的基石。鼓勵他們活動最有效的方式是以非批判的態度、善意和同理心解釋為什麼你希望他們這麼做，以及活動的好處和不活動的壞處。你要堅定、充滿愛和言行一致，絕對值得。

處方

睡得安穩

海豚如何抽出時間睡覺？牠們是哺乳類動物，一定要睡覺。另一方面，睡覺可能會讓牠們溺水或成為鯊魚的獵物。所以海豚怎麼在睡覺時不讓自己陷入生命危險？很驚人的，牠們睡覺時只有一半的腦子在休息，而且一隻眼睛是張開的！半邊的腦子保持清醒，讓另外半邊可以睡覺。利用這種方法，海豚能夠浮上水面呼吸，同時注意周遭有沒有掠食者。兩側的腦子輪流睡覺，每天可以睡上約八小時。海豚必須擔心這麼多生存問題，但還是能安穩的睡很長一段時間，所以我們人類實在沒理由剝奪自己的睡眠。

在十餘年的執業過程中，我身為醫師給過最有效的建議就是強調睡眠的治療和延年益壽功效。我跟許多人談過睡眠的重要性，沒有幾千人也有幾百人。我單純透過引導患者睡得更好，讓他們免去醫院接受一大堆心理治療。

大腦功能要達到最佳狀態需要神經元和相對應的構造保持穩定和井然有序。睡眠和夢（快速動眼期）就能達到這個目的。研究顯示睡眠和夢都能改善記憶力，協助穩定神經作用。特別是快速動眼期可能啟動腦迴路的測試和加強，在兒童和青少年時期等腦部發展階段最為頻繁。

一項哈佛醫學院的研究讓學生在睡前想一個他們試圖解決的問題，結果發現為數眾多的學生在夢裡想出了全新的解決方法。在一項德國研究中，呂貝克大學（University of Lübeck）的受試者看人示範如何解一道冗長乏味的數學題。接著他們有八小時的休息時間，有的人睡覺，有的人沒睡。回到測試時，在休息時間睡了覺的受試者找出簡單方式解題的比例是沒睡的兩倍以上。當然，我們不需要任何研究就知道人在經過一夜好眠之後總是狀況比較好。

我們睡飽之後會感到幸福，這個訊號就是要我們重複同樣的動作。但我們似乎忘記了我們有睡覺這一項生理需求。遺憾的是，筋疲力盡和睡眠不足對某些人來說已經成為一種很詭異的地位象徵。如果我們睡得不安穩，大自然會帶來警訊和閃光，像是疲勞、注意力不集中和焦慮。要是我們不顧這些警訊，身體會失調，即使有時間睡覺也睡不著了（也就是罹患失眠）。睡眠不足會導致各種短期和長期問題，如下：

- 荷爾蒙改變導致體重上升。睡眠不足會讓飢餓素（ghrelin）失調，這種荷爾蒙會促進食慾和胰島素分泌，是食物轉為脂肪的部分原因。
- 表現和靈活度不佳。我們告訴其他人在重要活動之前「好好睡一覺」是有原因的。一個晚上要是睡不好，少了九十分鐘的睡眠時間就會影響白天高達百分之三十三的靈活度。

- 記憶和認知障礙。經過二十四小時的睡眠不足，任務測試記憶維護和操控的回應時間會大幅降低。
- 生活品質變差。睡眠不足可能導致長期問題，像是高血壓、心臟病發、心臟衰竭、中風、肥胖、心理疾病（包括憂鬱症和其他情緒障礙）、注意力缺失症（attention deficit disorder，簡稱ADD）、精神受損、胎兒與兒童生長遲緩以及失眠。

沒睡飽的學生處於很糟糕的劣勢，睡眠對課業來說大有好處。在一項研究中，成績得到A和B的學生比快要不及格的學生早四十分鐘上床睡覺，多睡約二十五分鐘。此外，週末熬夜愈久的學生，成績愈差。這項研究同時也根據「適當」或「不適當」睡眠模式來檢視白天的行為、情緒和感受。每天晚上睡少於六小時四十五分鐘的學生以及比同儕晚睡超過兩小時的學生會在白天想睡覺，出現睡眠／起床行為問題以及憂鬱情緒。

對於患有失眠和其他睡眠不足相關障礙症的人來說，好消息是只要透過教育和治療，記憶和認知障礙問題會改善，相關傷害與其他健康問題的數量亦會下降。

我以前看到大家聽了這個有關基本生理需求的建議之後，臉上出現震驚的神情都會很意外。我有一次告訴一名心臟科醫師，他那罹患嚴重產後憂鬱症的妻子，其實只是需要一點睡眠。他原本想要讓她飛到診所（Mayo Clinic）進行「徹底檢查」，包括電腦斷層掃描和腦部磁振造影。我評估了她的狀況，發現她過去四個多月以來，沒有一次睡覺可以睡超過四小時。睡眠不足到這種程度會讓人跟現實脫節。我請這位心臟科醫師等個幾天，先不要急著帶太太飛到美國另一端，把三個小孩留在家裡。經過四天好好睡覺之後，她雖然還是憂鬱而且需要治療，但已經不會糊裡糊塗和精神錯亂。你一定會想，心臟科醫師怎麼可能不知道睡眠對生存的重要性，但我們整個社會就是如此偏差，就連我都不時需要提醒自己！

年輕人經常睡眠不足。美國疾病控制與預防中心（The Centers for Disease Control）建議十至十七歲的兒童每天至少要睡八點五至九點五個小時，國小學童一天需要睡十一個小時，高中生則是約九至十小時。比這個少都算睡眠不足。

要是睡不飽，我們的腦袋既無法休息也不清醒。人處在疲累和睡眠不足的狀態下很難變得有創意、自動自發、尊重他人、負責任、獨立或想要去解決問題。

創造有利環境

一項堅定但不失彈性的日常生活習慣能幫你創造有利於睡眠的環境。試著讓孩子每天晚上在差不多時間上床睡覺、早上也在差不多時間起床。不過要保有彈性。人類的生理時鐘以二十五小時為週期，而每個人需要休息的時間可能稍微有點不同。舉例來說，如果你的孩子習慣睡午覺，那就讓她睡（但別超過兩小時，和睡覺時間要間隔六小時以上）。如果你的孩子是個夜貓子，讓他週末晚睡沒關係，只要睡眠維持規律即可。

以身作則

你自己要建立起健康的睡眠習慣和環境。沒錯，也就是說不要做那麼多會讓你忙碌不堪的事情。

我治療過的許多產後婦女都有睡眠不足的問題，而常見的原因不是她們的寶寶，而是其他「不做不行」的事。訪客、謝卡、臉書貼文、打掃和「形象控管」都占用了寶貴的睡眠時間。我們在產後會進入生存模式，這個時期我們一定要放棄完美主義。像是「我的天啊，你看起來根本不像生過孩子」這種評語不一定對你有好處。你的確是剛生完孩子，何必隱藏？你和你家本來就應該看起來像「剛生完孩子」，所以去好好睡一覺吧！等到你的孩子大一點，如果你累了，讓他們知道這是因為你沒睡好。當你睡得安穩，讓他們知道你感覺有多好。別像個睡眠不足的殭屍走來走去，不然孩子會以為這是正常現象而有樣學樣。

引導孩子邁向成功

向孩子說明睡得好的益處以及睡不好的壞處。把現實生活中的益處跟睡得好連結在一起，像是他們可能在睡飽飽之後度過了很棒的一天，或是在某個他們很看重的事情上表現良好；把現實生活中的壞處跟睡眠不足連結在一起，像是情緒崩潰、表現不佳或是社交不順。

把所有電視、電腦和其他電子設備從臥室裡移走，沒有討價還價的空間。臥室裡有螢幕會養成一輩子的糟糕睡眠習慣。除此之外，螢幕發出的白光可能會過度刺激我們的視網膜，讓能夠助眠的褪黑激素延緩分泌。有些新的電子設備使用藍光來避免，但藍光並非解決之道，把螢幕趕出臥室才是辦法。

說到睡覺這件事，我就像虎鯨一樣。我們家只要有人睡眠不足就會變得烏煙瘴氣。我立下清楚的規矩和不睡覺的後果，適用於我自己、我的孩子、我的丈夫還有我們養的壁虎。（無一例外！）我也花很多時間跟孩子解釋睡眠的重要性。我甚至在他們每一個人的房間裡放了大腦模型。只要和睡眠有關的事都會讓我變得非常堅持己見，但我也不是不能說話。上次我才跟我的孩子們在睡前說（他們為什麼總是在睡前玩得那麼開心、看起來這麼可愛？）：

「我看得出來你們玩得很盡興，但如果下一次還想邀朋友來家裡過夜，你們必須向我證明你們真的瞭解睡眠有多重要，你們瞭解的話就會趕快去睡覺。」

知道如何生存後，接下來要如何成長？

深呼吸、多留心、喝水、吃得健康、保持活力和睡得安穩都對我們的生存至關重要，這就是為什麼大自然會在我們的身體內建這些生存活動的正向和負向回饋機制。我們若均衡的進行這些活動就能生存。不過，我們要追求的應該不只是生存而已吧？答案當然是肯定的。我們應該要成長並感受生命的活力與喜悅。不只孩子可以，我們也可以，只要我們肯去傾聽大自然給我們的訊息。現在我們來看看其他能帶來巨大回報的活動。找出內在的海豚，人生就能發光發亮！

第六章 玩樂是天性

英國人類學家葛雷格裡・貝特森（Gregory Bateson）於一九二〇年代前往巴布亞紐幾內亞研究當地原住民班寧族（Baining）。和班寧族共同生活了十四個月之後，他開始對這個研究計畫感到「無聊」和氣餒。貝特森覺得班寧文化平凡無奇，沒有什麼青春期儀式、神話、故事、節慶或宗教傳統，活動都是井然有序，舉例來說，他們的舞蹈有一套嚴謹的規則，一定要按部就班進行。貝特森最後喪氣的離開了巴布亞紐幾內亞。他表示班寧族「不適合被研究」，因為他們講不出什麼生活中有趣的事。他也提到「他們除了乏味的日常瑣事沒有別的活動可言……過著一種單調無趣的生活。」

貝特森不是唯一一個下此結論的人類學家。四十年後，一名人類學研究生傑瑞米・普爾（Jeremy Pool）去和班寧族住了一年之後也做出相同的評論。顯然的，這次經驗讓普爾放棄他的人類學博士論文，轉而研究電腦科學。

貝特森和普爾這兩個對研究文化有興趣也受過訓練的人都在惱怒厭煩之下放棄了班寧族的研究計畫。他們的結論是班寧族無聊透頂，沒有什麼好值得觀察的。不過，另一名人類學家珍・法揚斯（Jane Fajans）從班寧族身上得出一些更廣泛的意涵：當玩樂的價值被貶低時，會對一個文化產生什麼影響。法揚斯發現班寧族認為玩樂和「幼稚」行為是動物的行為。他們相信人類不應該也不可以做出任何類似玩樂的行為，因此盡其所能遏止小孩和大人這麼做。他們「平凡無奇的文化」以及「單調無趣的生活」被斷定為和缺乏玩樂的直接結果。

我可以體會這些人類學家研究單調乏味對象的那種挫敗感。這跟我面對來自極端老虎家庭的年輕人的經驗很像。我總是很自豪能跟「任何人聊任何事」，但我發現要跟這些年輕人維持互動不容易，因為溝通窒礙難行。美國全國玩樂協會（National Institute for Play）創辦人史都華・布朗（Stuart Brown）從史丹佛大學的大二學生身上注意到類似現象。十二年來，他讓一部分史丹佛大學的大二學生在秋季上玩樂課程，接著參與為期兩週的沉浸式領導訓練。史都華談到這些學生和玩樂表示：

我注意到這些學生一直以來都聰明絕頂，但隨著近年來史丹佛大學的入學競爭愈來愈激烈，我也注意到他們的自主性削弱了。和往年比起來，至少對我來說，我覺得他們愈來愈無法自然而然的感到開心。他們掌握更多資訊，好像有個雷達不斷讓他們把所有注意力放在取悅教授們。在我看來，除了幾個例外，他們都患有慢性低度玩樂缺乏症，很習慣過著忙亂、高壓、高效率的生活（雖然明明還是孩子），沒有意識到自己在追求學業表現和成功的過程中失去了什麼。

不管年紀多大，玩樂都和大腦前額葉皮質的發展有直接關聯。這個區塊負責辨別資訊適切性、目標引導、抽象概念、決策、思想與感受監控與組織、延遲滿足以及規劃未來。前額葉皮質指揮我們最高層級的思考與運作。它是腦部演化得最晚也是人類最後一個發展的部分，直到二十五歲左右才會完全成熟。

對所有動物幼兒而言，牠們花在玩樂的時間和小腦成長的速度和大小息息相關，小腦是整個腦部含有最多神經元的區塊。除了動作控制、協調和平衡之外，小腦還掌管注意力和語言處理等關鍵認知功能。活躍的玩樂會刺激腦源性神經營養因數，激發神經成長。它也促進之前沒有連結的區域產生新的神經元連結。我們的玩樂欲望對生存來說至關重要，就跟吃飯、睡覺一樣不可或缺。

要培養四大ＣＱ技能：創意、批判思考、溝通和合作以獲得二十一世紀的成功，玩樂是必要的。不過，不是所有玩樂都有同樣效果。我的兒子參加了足球隊，一年大部分的時間每個星期都要踢球。他會穿上制服、護具和防滑鞋，在邊界範圍清晰、精準又整齊的球場上踢球。規則很明確，教練（或比賽時的裁判）會去實施。要是發生爭議，大家會仰賴教練立即做出判決。加入足球隊對我兒子來說是個精進球技的絕佳機會，但這個活動的本質相當正式，不太能讓我們在玩樂中培養CQ技能。

想想看從事一項有組織的運動和以下經驗有何不同。有一天，我的兒子們跟其他四個鄰居小孩一起在玩街頭曲棍球。一陣子之後他們就膩了。有的人想進屋裡，有的人想踢足球。經過討論之後，大部分的人選擇足球。他們沒有場地，所以自己用曲棍球棍和後院雜物設置球場：一輛舊腳踏車和躺椅做為其中一個球門，兩棵樹做為另一個。他們很快就發現幾個問題：這群人年紀不同，球技好壞不一，後院又是傾斜的，很難「公平」的踢球，所以他們必須互相協調。由於上坡的隊伍比較有利，下坡的隊伍可以多一名球員。男孩們談好規則後，一邊玩一邊調整。偶爾我會聽到一陣爭吵聲。但他們知道如果不好好相處就不能繼續玩，所以會想辦法解決問題。他們甚至踢完球後還會自己把場地整理乾淨。我不知道這群男孩的球技有沒有進步，但我很確定他們運用了大量創意、批判思考、溝通和合作技能。

有一些最古老的遊戲能提供最豐富的經驗。例如：躲貓貓教導孩子探索和自主的樂趣，以及被重視和被找到的欣喜。他們一開始跑開時因為能夠自主而感到興奮和快樂，但隨著時間過去，興奮感逐漸消逝，開始想要重回群體。一陣陣的懸疑帶來緊張氣氛，然後在被找到時獲得緩解。他們就是在這一刻確認自己是被重視而且被愛的。這個遊戲基本上教導他們人際關係是穩固的，即使與他人分開，終究還是會重新聚在一起。

就算是變了調的遊戲也可以跟歡笑尖叫的遊戲一樣有價值。孩子玩耍時，你常常可以聽到有人說：「不公平」。他們會自己去體驗什麼是公平、什麼是不公平，也會發現哪一個人可以信任，然後嘗到不守信和不公平的自然後果。

史都華・布朗說了一個有關美國加州理工學院（Caltech）噴射推進實驗室（Jet Propulsion Laboratory，簡稱JPL）管理者的故事，顯示出玩樂對孩子未來的成功有多重要。這些管理者注意到較年輕的工程師雖然成績優異，來自頂尖大學，但他們不像較年長的工程師擁有問題解決能力和創意發想。當他們追根究柢後，發現較年長的工程師比較會像孩子一樣玩樂和探索，其中許多人跟小朋友一樣特別會進行動手玩的活動。他們小時候是那種會把時鐘拆開來再裝回去、用肥皂盒做賽車和修理設備的孩子。新世代的年輕人擁有很好看的履歷，但很少這樣玩耍。JPL為了雇用到會動手玩的員工，更改了面試流程，把有關求職者玩樂背景的問題囊括進來，進而提升員工面對和解決高難度工程設計挑戰的能力。如同愛因斯坦說過的：「玩樂是最高深的研究。」

如果你想要孩子變得聰明，讓他們玩；如果你想要孩子能夠控制情緒，讓他們玩；如果你想要孩子具有創新能力，讓他們玩；如果你想要孩子培養出團隊精神，善於處理人際關係，讓他們玩。你有沒有注意到，我並沒有說要「叫」他們去玩、預約一個玩樂活動、開車載他們到處跑或付錢請人教他們怎麼玩？如果你希望孩子獲得最重要和最有力的門票，通往聰明又健康的人生，你唯一要做的就是別插手，讓他們玩。

透過玩樂發展CQ

心理學家卡爾・榮格（Carl Jung）說：「我們欠想像力玩樂的債無可計算。」我再同意不過。玩樂是人類天性。所有哺乳類動物都會花時間玩耍，即使在大自然中隨時要面對可能被吃掉的壓力。

海豚會玩海草、泡泡，做特技動作，發出口哨聲、嘯叫聲，甚至跟人類玩。海豚經常會被「摯友」吸引，也就是擁有相似玩樂興趣的其他海豚。透過玩耍，海豚學習如何跟同類以及周遭世界互動。牠們利用玩耍來習得和演練所有必備技能，才能在廣大、多元又危機重重的海洋和重要河流中成功生存。海豚的遊戲可能包含策略、競爭以及花大量時間發展狩獵和打鬥技巧。在玩耍的時候，海豚似乎也會彼此培養感情、練習游泳技術和精進領航能力。跳出水面對牠們來說是另一種遊戲，或許也有為了未來而練習領航和狩獵的目的，不然就僅僅是為了好玩。

海豚和人類是地球上最愛玩耍的物種之一。事實上，動物玩耍的時間和牠們的腦部大小有強烈的正相關性。海豚是腦部大小僅次於人類的動物，牠們玩樂的時間可能比我們還多。

什麼是玩樂？

我要釐清一下玩樂的意思是什麼。一般來說，玩樂可以分為下列兩種：發散式（divergent play）和收斂式（convergent play）。發散式玩法沒有組織，很自由，可以探索用不同方法去做一件事，而非找到「對的方法」。在探索的過程中需要發揮創意，發散式玩法沒有絕對的答案；至於收斂式玩法比較沒有創意，因為它有組織、規則或「正確」答案，例如：某些電動玩具（並非全部），當然還有現代的樂高。在接下來這個章節中，我談的「玩樂」都是沒有組織的發散式玩法。玩樂有數不清的好處：

1. 嘗試錯誤：玩樂是孩子第一個犯錯和學習承受失敗的機會。錯誤和失敗讓孩子可以再站起來試著把問題解決。嘗試失敗對於培養適應性來說很重要，能夠適應才能握有成功關鍵。

2. 探索新知：你覺得大人和小孩為什麼在發現一個新玩具、一本新書、一部新電影、一次新經驗、一個新朋友和一項新做法的時候會感到驚喜？很簡單，人腦學習新事物時會釋放多巴胺，讓我們獲得幸福或喜悅感做為獎勵。過渡期大腦（十二至二十四歲）對多巴胺最為敏感，釋放得最多，所以這個年齡層的人會

「對新鮮感上癮」（在老虎出現妨礙他們之前）。為什麼人類大腦的運作方式會讓年輕人想要嘗新？對新事物的熱愛促使年輕人嘗新（玩耍）並引導他們探索世界。新發現對於幼鳥離巢、開創人生來說非常重要。

3. 樂趣無窮：樂趣讓我們探索熱情和紓解壓力，進而得到快樂。

4. 團隊技巧：玩樂教導孩子如何與他人建立關係，並幫助他們建立信任、分享和公平的價值觀，這對人格發展和領導能力大有益處。

5. 創新創意：玩樂包含觀察、提問、實驗、社交和建立人脈，這些都是能充分發CQ的關鍵活動。

6. 應對挑戰：由於玩樂讓我們想像、溝通、解決問題、實驗、合作、嘗試錯誤、跳脫框架思考和創造，它提供我們在二十一世紀生存和茁壯所必備的認知技能。

玩樂的各種形式

玩樂和探索（以「玩樂」簡稱）讓我們可以做這麼多事並輕鬆看待人生，用心探索內在和外在世界。玩樂總是讓我們欲罷不能，經過好幾個小時而不自知。這就是運動員所謂的「境界」和藝術家所謂的「心流」。玩樂是正念最有意思的形式。全國玩樂協會區分出幾種玩樂形式。

透過身體動作

人類在漁獵採集時期經歷了批判思考和問題解決能力的大幅成長。我們學會動作思考，吸收和處理來自環境中的大量資訊，並做出適當回應。動作和學習之間的連結在今日還是很強。身體一動，心智也跟著動。玩的時候跑、跳、轉、丟和接的孩子會進行動作思考。全國玩樂協會的科學家認為「創新、彈性、適應和韌性都源自於動作。」他們也相信透過身體動作玩樂能幫助我們認識周遭世界，準備好面對「不可預測和非比尋常的事物」。對我而言，這就是隨機應變，小孩玩鬼抓人的意義因此變得大不同！

透過物體

我就知道我讓兒子玩泥巴的直覺是正確的。事實證明，玩泥巴能學到的東西超乎想像！透過操控物體（例如：敲鍋子、打水漂和玩沙），大腦會產生複雜迴路，鼓勵我們去探索、評估安全以及利用物體特性做為工具。玩不同類型的物體可以幫助大腦發展出來的能力不僅僅限於身體操控技能。

舉例來說，研究發現「在青少年時期不會自己動手修物品的人，成年後很有可能在具有挑戰性的工作場域中缺乏解決複雜問題的能力。」舉例來說，在高中做過模型和修過車可以幫助一名年輕人成為優秀的研究工程師。神經科學家法蘭克・W・威爾森（Frank W. Wilson）在《動手做：形塑大腦、語言與人類文化》（*The Hand: How Its Use Shapes the Brain, Language, and Human Culture*）這本精彩的書當中探究兒童期對物體的操控和高等認知技能（像是問題解決能力）之間的連結。威爾森認為大腦的演化和雙手有緊密關聯，而且透過自由探索實體環境可以建立強大的心智。

透過想像與角色扮演

透過想像與角色扮演，我們學到自己心智的力量。富於想像的玩樂能為腦部帶來高度刺激，讓直覺臻於完美。在沒有其他事情需要分心的狀況之下，腦部當然運作得最強！當孩子進行想像力遊戲時，他們的探索沒有極限，腦子裡會出現任何天馬行空的點子、角色和情境。想像與角色扮演遊戲不只對正常發展來說很重要，更是提升孩子認知彈性與創意的關鍵。研究顯示，在兒童期擁有幻想朋友的孩子ＩＱ較高，成年後也較具創造力。想像力豐富的孩子能夠很自在的面對認知不確定性。他們能夠「編造」出不存在的東西，讓思考無限擴展至未知領域。跟所有遊戲一樣，想像力遊戲幫助孩子培養重要的情緒和社交技能。事實上，所謂的同理心可以簡單被定義為「想像對方有何感受。」想像力遊戲具有改造的力量。當我們想像出一個奇幻世界時，我們扭轉現實生活，任由創造力帶我們馳騁。要是愛因斯坦一開始沒有想像自己用光速飛行，不知道會怎麼樣！在瞬息萬變的二十一世紀，想像力是很搶手的重要特質。沒有了想像力，我們便無法創新或適應。

透過社交

人會跟其他人玩不只是因為好玩，也是因為他們渴望被接受和得到歸屬感。社交遊戲是歸屬感的重要來源。試想一個情境：一群同事一起工作多年，從未真正對彼此或公司培養出情感，直到他們在活動中一起「玩」，像是公司辦的高爾夫球賽、郊外踏青和社交聚會。社交遊戲包含調和遊戲（attunement play）、打鬧遊戲（rough-and-tumble play）以及慶祝與儀式遊戲（celebratory or ritual play）。

1. **調和遊戲**：當一名嬰兒第一次對著父母笑，調和遊戲便開始了。父母和嬰兒對望時，親子都會感到愉悅和興奮。爸媽帶著笑容，開始柔聲說著兒語；孩子也是。運用腦電圖和其他影像技術的研究顯示出在這樣的互動中，嬰兒和父母腦內控制情緒的右腦皮質會調和。

2. **打鬧遊戲**：打鬧遊戲教導我們推擠拉扯的界線、前後移動的平衡以及社會互動。如果你曾領養過一隻在出生沒多久就和兄弟姊妹分開的小貓，你會注意到她在玩耍時會太用力咬人，爪子也完全伸出來。她這麼做是因為從來沒有在兄弟姊妹身上得到適當回饋，出手不知輕重。學齡前兒童跟小貓一樣，透過拉扯、推擠、扭打和混亂動作來發展情緒控管和社會覺察能力。打鬧遊戲被證實為「發展與維持社會覺察、合作、公平與利他精神所必需。」事實上，打鬧遊戲最大的影響在於社會層面，它能幫助孩子編寫和解讀社交訊號。

有些不從事緊張運動或比賽的孩子缺乏緊張控制能力，他們被證明長大後難以控制暴力衝動。「特別是對男孩子來說，兒童早期的打鬧遊戲提供一個基礎，讓他們學會情緒管理技巧以控制憤怒與攻擊行為。」給我這種媽媽的建議：讓孩子打起來沒關係。只要不要打到見血，對他們來說是好的。再說，有了這些科學證據，我鼓勵我的孩子（包括小女兒）玩扭打的摔角遊戲！一開始要讓丈夫跟他們摔角很難，但我更無法忍受他們互打。一旦我深呼吸，讓這件事自然而然發生，就會發現不管情況看起來有多糟，他們很少真的傷害對方。我注意到我的孩子只跟他們親近的人摔角打鬧，像是兄弟姊妹、親戚和幾個要好的朋友。甚至我自己有時候也會加入，我很訝異我們能拉扯、互踢和扭打同時開心的尖叫。（多巴胺大量湧出！）

3. 慶祝與儀式遊戲：慶祝與儀式遊戲教導我們如何維持社會型態。生日派對、假日節慶和運動盛會都是老少鹹宜的慶祝與儀式遊戲。我參加過幾次印度婚禮，大家會一起唱歌、跳舞和花時間相處。這些活動可以延續一個月，有數百人參與。其他文化的人可能會覺得這樣有點太超過，但對許多人來說，這是一整個（真的是一整個！）家族和社群玩在一起的機會。

說故事遊戲

遍覽各個人類文化，還有什麼活動比說故事更普遍？孩子說故事的時候會挖掘和練習人類最有力量的啟發工具之一。在西方醫學中，我們受的訓練讓我們相信科學而非故事；但一談到動機，說故事遠比科學研究更有影響力。所以廣告才會出現愈來愈多故事！說故事幫助我們理解這個世界，學習人生課題，而且很神奇的永遠不會忘記！我們的孩子必須能夠寫自己的故事，而非等著廣告商和電影製片人替他們寫。

不玩活不下去

盡情玩耍的感覺很棒，不管是小時候在海浪中嬉戲，還是成年後探索新的城市。大自然是如此堅定的要我們玩耍，所以一旦我們照做，她會毫不吝嗇的給我們多巴胺做為獎勵。這是什麼道理？為什麼玩樂和探索能夠得到這麼多回報？

玩樂有助於早期技能發展（想想海豚幼兒透過玩耍來練習狩獵），但不僅如此。當一項活動能給予大量多巴胺做為獎勵，又這麼常見於各個物種，你就知道它對生存來說最重要。它重要到我想製作T恤和汽車保險桿貼紙，上面寫：「不玩活不下去。」

為了進一步解釋，容我帶你進入老鼠的世界。研究員將一群老鼠分為兩組，只讓其中一組玩（對老鼠而言就是吱吱叫和推擠扭打。）不能玩耍的老鼠無法處理每一分鐘的社會線索（social cue），在團體中要不是太具侵略性就是太被動。當研究員在牠們面前放一件有利的新東西，牠們要花上一段時間才會使用；當研究員在牠們面前放一件危險的東西，像是聞起來有貓咪味道的衣領，這些老鼠會馬上躲進洞裡，再也不出來。沒錯，再也不出來，就這樣死在洞裡！反觀可以玩耍的老鼠：牠們聞到貓咪味道時，一樣會躲進洞裡，但之後會小心翼翼、提高警覺的探索周遭環境，並開始再度對事物進行測試，最後冒著危險從洞裡出來，過著幸福快樂的鼠生。

在玩樂的過程中，年輕人會發展出成年後需要的應對技能和創意。可惜的是，現在很多孩子就像那些不玩耍而死在洞裡的老鼠一樣，不知道該做什麼，也不會解決問題。

許多科學家相信，若青少年的大腦在體驗新事物時沒有對多巴胺變得更加敏感，人類可能不會在全球四處遷徙，甚至存活下來。搬離家園是人類發展過程中最難踏出的一步，但也是最重要的一步。這就是為什麼成功獨立所需的工具：玩樂（包括探索）和新鮮感（玩樂固有的一部分）最能獲得生理上的獎勵。

玩樂讓我們適應環境，提供認知框架和彈性思考來面對任何狀況。適應不僅僅是讓身體演化得更有用，如同達爾文著名的鳥嘴例子。適應的意思很簡單：有能力足以處理當地環境的特定情況。身體上的適應可能要經過好幾個世代，但智力上的適應是我們此時此刻可以掌握的，要不斷的校準。其中的關鍵在於玩樂。玩樂可以說是為我們帶來「愈挫愈勇」的工具，這種思考方式讓我們在處理衝突和壓力時保有幽默感（我們在第三章曾經談過，根據喬治・瓦利恩特的格蘭特成人發展研究，成熟適應型和幽默是成人長期健康、快樂和成功的關鍵因數）。

本質上，玩樂提供認知技能，讓我們能在兒童期和成年後適應環境。數十年來，治療師用遊戲來瞭解和幫助兒童病患。的確，遊戲治療這個領域已經被證明是治療兒童創傷、注意力不足過動症、焦慮和憂鬱的有效工具。遊戲治療的目標是幫助孩子自由解決他們的問題，並根據他們的人格特質找出最適合的方案。遊戲治療的效果驚人。你不會相信他們在治療性遊戲中能吐露多少心聲，這些都是談話治療中絕對不會聽到的祕密或深藏在心底的想法。

我們都需要玩樂，大人跟小孩皆同。這麼多年來，我見過很多「擁有一切」的成年人。他們過著舒適的生活，擁有健康、財務安全和社會支持。但他們還是會抱怨「好像缺少了什麼」。當這些成年人重拾玩樂，去上音樂課、在工作上進行有趣的案子、上舞蹈課、打高爾夫球、旅遊、做園藝、健行、或單純因為好玩去探索，他們會產生額外的幸福感。玩樂也幫助我們找到興趣和熱情。

玩樂人格

每個人都用同樣方式從事玩樂嗎?根據史都華•布朗的說法,玩樂大致上可以分為八種人格類型:說書人、藝術家、創作者、收藏家、競爭者、導演、探險家、小丑和活動者。這些「玩樂人格」並非絕對而且可以重疊。許多人可以享受其中好幾種甚至全部八種的不同層面。早期玩樂為我們的自然優勢和興趣提供重要線索。當我們依循這些優勢和興趣來玩樂或成長時,會得到多巴胺的釋放做為獎勵而感覺良好。為什麼順從自然的熱情時,身體會讓我們感到愉快?很多人忘記了物種生存的第二部分。第一部分是「適者生存」(具有適應的能力),第二部分是「物種多樣性」。

我們需要所有玩樂人格都能像物種一樣存活下來。在瞬息萬變的環境中,要是生存受到威脅,誰知道解決之道會出現在藝術家及創作者還是收藏家的腦海中。面對複雜問題時,我們需要不同的玩樂人格互相合作和交換意見以找到解答。如果所有人都是工程師,誰來治療腺鼠疫?如果所有人都是醫生,誰知道怎麼治水患?沒有了說書人,誰可以把知識傳承下去?沒有了音樂家,我們如何建立社會聯繫?我們天生具有多樣性,因為我們需要以不同的思考方式來應對千變萬化的問題。玩樂帶來幸福和愉悅感,引導我們追求各種興趣,發展多樣性。沒有了玩樂,我們會失去多樣性:沒有了多樣性,我們無法適應;無法適應則存活不了。

如你所見，我們天生就會玩樂以及追尋自然的興趣。任何人如果被迫去做自己沒興趣的事，都是一種折磨。站在舞臺上演出或許是某個人的夢想，但也可能是另一個人的夢魘。這就是為什麼有的人想當藝術家，但有的人想當創業家、老師或工程師。不可能每個人都一樣。大家有著各式各樣的興趣和天賦才是自然的事。我們很需要玩樂做為適應的工具，但對於要怎麼玩樂以培養多元興趣和技能是很有彈性的。

我們常常透過玩樂和自身的動力不經意的挖掘出熱情與天賦。我們的熱情與天賦不能由他人灌注或施加，就連父母也辦不到。父母可以引導孩子發掘熱情和天賦，但無法替孩子尋找或養成。

我的意思並非我們都應該根據我們的玩樂人格來決定自己的職業。不過，如果你做得到，你會是個喜歡自己的工作喜歡到不覺得自己在工作的幸運兒。對大部分的人來說，現實是我們無法避免「工作」，只能盡量讓興趣和工作以及人生其他層面結合，至少不會對不起我們這一部分的天性。在小時候和成年後忽視玩樂的重要性，等於是背叛了我們的天性和生物機制。如此一來，我們會變得失衡，也失去活力。

聯合國人權事務高級專員（UniT E D Nations High Commissioner for Human Rights）認為玩樂是每一名兒童的基本權利。但過去二十多年來，「兒童一週失去了八小時自由、非結構化和自發性的玩樂。」有好幾種原因可以解釋這個現象，包括「匆忙的生活方式、家庭結構改變，以及把更多重心擺在學業和課後活動上，捨棄休息和自由的兒童為本遊戲。」世界各地的學校都在把課間休息騰出來上結構化的課程。兒童花在有組織的運動上的時間增為兩倍；戶外活動時間減少百分之五十；被動活動（例如：打電動）的時間則在一九九七至二〇〇三年間從三十分鐘增為三小時。

你可以把玩樂不足想成是睡眠不足。這兩件事都對成年人有害，但我們可以維持一段時間，因為我們（大部分）的腦部已經發展完成。對兒童和青少年而言，在腦部發展最快速的時期睡眠和玩樂不足，可能造成巨大傷害。

老虎摧毀玩樂

以愈來愈嚴重和常見的注意力不足過動症為例，寶靈格林大學（Bowling Green University）的雅克・潘克塞普（Jaak Panksepp）和同事在研究老鼠的遊戲行為後，發現注意力不足過動症和打鬧遊戲的缺乏有關。玩樂可以降低在額葉受損的老鼠身上常見的衝動性（impulsivity），此類型的腦被認為是人類注意力不足過動症的模型。潘克塞普和同事得出一項結論：「充足的打鬧遊戲會降低額葉受損老鼠不適當的高度玩興和衝動性，從事社交、喧鬧的遊戲可能是幫助患有輕微至中等注意力不足過動症的兒童控制衝動性的一種方法（而且對沒有注意力不足過動症的兒童來說也有益處）。」

根據我過去十幾年來治療注意力不足過動症兒童的經驗，在很多方面我同意這個理論。在家中和教室被剝奪玩樂（特別是打鬧遊戲）的孩子經常出現對立行為，被貼上「品行疾患」（conduct disorder）或「對立性反抗疾患」（oppositional defiant disorder）的標籤，有時僅僅被形容為「壞孩子」。家長或學校對於這種行為的回應方式可能是剝奪更多的玩樂做為處罰。結果這些孩子的大腦在不經意的情況下被迫以不平衡的方式發展。一旦他們變成青少年，這種不平衡可能會變成各種適應不良行為，包括自殘、耍脾氣、憂鬱、焦慮以及成癮物質使用。

結果證明，缺乏玩樂可能導致最令人不安的行為。在一九九六年，一名叫查爾斯・惠特曼（Charles Whitman）的前美國海軍陸戰隊隊員兼德州大學工程系學生，帶著一整箱的武器、軍火和彈藥，爬到了德州大學奧斯汀分校的中央塔頂端，射殺十四人，並造成三十二人受傷。警方事後才發現他出現在校園之前，已經先殺害了妻子與母親。這起可怕事件讓全國人民冒出同一個疑問：為什麼？惠特曼過去的紀錄讓他的動機更加隱晦不明。他從未顯現任何暴力傾向、沒有犯罪紀錄、當過輔祭，而且曾是美國最年少的鷹級童軍（Eagle Scout）。

之前我提過推廣玩樂的精神科醫師史都華・布朗，他在成為這起大規模殺人事件的研究小組成員之後對這個主題感到好奇，他和團隊檢視了惠特曼一生的每個細節，得出一項有趣結論。他們發現惠特曼的父親暴力又專橫，徹底摧毀他的自然玩興。布朗和他的團隊提出以下理論：

一輩子缺乏玩樂讓惠特曼沒有機會樂觀看待人生、測試不同選項或學習社交技巧，這些都是自發性玩樂的一部分，使人足以面對壓力。本委員會推斷，缺乏玩樂是導致惠特曼犯下殺人罪行的關鍵因素。若他在人生中曾體驗正常的自發性玩樂，委員會相信他能發展出處理高壓情況的技巧、彈性和力量，而非訴諸暴力。

布朗開始研究德州其他謀殺案。他研究得愈多，一項趨勢變得愈來愈明顯：這些兇手的玩樂紀錄相當不同於有類似成長背景但能應付並做為社會有效成員的人。他們從小到大都嚴重的被剝奪玩樂。

布朗最後廣泛集結了超過六千人的玩樂史，發現玩樂剝奪長期下來可能導致許多後果，像是喪失生產力、創造力變低和輕微憂鬱症。布朗的研究受到其他許多研究支持，它們亦顯示出憂鬱症、壓力相關疾病、人際暴力、成癮症和其他健康幸福問題的蔓延跟長時間的玩樂剝奪有關，就像營養缺乏症。相反的，成功人士往往擁有豐富的玩樂人生。研究也發現，若玩樂沒有延續至成人期，人可能會失去情緒、社交和認知技能。

兒童期的玩樂剝奪讓我變成某種特定的海豚：虎鯨！當我內心的虎鯨浮現時，我會很強烈的感受到這項基本生存活動受到嚴重威脅。回顧我一開始為人父母那幾年對於玩樂的態度，我對自己再失望不過。雖然我直覺上知道玩樂很重要，但還是讓內心的老虎橫行無阻。還好我的三個孩子在我從事全職工作時接連出生，讓我這虎媽分身乏術，所以他們還是有很多玩樂時間。我也請孩子們的祖父母提醒我「讓他們玩」。我天真的以為一切都很順利，因為和別的孩子相比，我的孩子已經算是玩得很多了。但當時我沒意識到整個社會對於玩樂的觀念太偏差，即使我的孩子玩得比別人多，還是不足。我真希望能讓時間倒轉，或是進入他們的小腦袋瓜裡，替他們把神經元連結起來，但我做不到。不過，我現在在極力捍衛玩樂這件事，如果任何人試圖阻擋我的孩子玩耍，我會像虎鯨一樣咬著他不放！

幸好大自然寬容大度，改變永遠不嫌晚。實驗室證據顯示玩樂不足跟睡眠不足很類似。根據研究，如同補眠一樣，被剝奪玩樂的動物會找機會補玩樂。研究亦顯示如果重新實施課間休息，孩子會反彈回來，在學校表現出更好的行為。當我們終於能夠好好玩耍的時候，我們的大腦會感到樂觀和具創造力，更有可能再度接納新事物，並且想要測試和挑戰技能的極限。

讓我為你和你的孩子開幾個玩樂處方吧。當然了，第一個處方是重獲平衡。

處方

擺脫過度保護的老虎

過度保護的老虎不給孩子探索的機會。他們監控和指揮孩子運動、讀書、學音樂和參與其他活動，無視孩子天生就想自由玩樂和探索的欲望。過度保護阻礙孩子成為二十一世紀健康、快樂的成功人士。

要擺脫過度保護的老虎很簡單，只要給孩子（和你自己）一點自由空間。玩樂需要身體上的自由，可以搞得髒兮兮、看看附近有什麼、更深入的走進街區。它也需要不斷嘗試和失敗、耍笨、説錯話和做錯事。如果你總是追求完美，就沒有這樣的自由空間，無法體會自由玩樂的喜悦和益處。對於所有不完美的人，我有好消息要告訴你們：完美主義是很糟糕的東西，阻礙我們進步和快樂。所謂的「完美」難以達到，所以讓人灰心沮喪又自我挫敗。完美主義不容冒險、犯錯和玩樂，但這些都是邁向成功的必經過程。完美主義者總是覺得自己的成就不夠好，無法受到激勵，難以完成一件事，或甚至更糟，讓他們筋疲力盡。

完美主義源於恐懼：害怕自己的不完美讓我們不被接受或被愛。但事實正好相反。「不完美」讓我們變得真實和完整。

處方

打造有利於玩樂的環境

過去父母並不需要特別用心去打造有利於孩子玩樂的環境。常常只要打開家門就好。現在的孩子習慣玩閃閃發亮、會說話的客製化娃娃和模型車，超現實的電動玩具，以及附上詳細步驟的樂高。容我提醒你一點：孩子喜歡玩耍，不必花半毛錢，不需要一堆東西，也不用特別教什麼步驟，這件事自然會發生。玩耍甚至不需要玩具。玩具商品可能只會妨礙「玩」這件事。一般來說，玩具愈簡單（通常也愈不貴），玩法愈多種。居家用品、舊衣服、一根棍子，或是孩子在外面找到的任何東西都是理想的玩具。有趣的是，自由玩樂其實需要孩子更專注、父母更多的參與。而且是真正的參與，不能滑手機。當孩子進行一項非結構式活動時，他們（和參與的父母）必須花腦力和投入情感，否則玩不下去。小朋友可以不用準備說玩就玩，但參與的父母會需要先收拾一下。

還有別的重要因素可以幫助你打造有利於玩樂的環境：一、限制螢幕時間（這一點我們在第五章討論過）；二、不讓家庭作業和玩樂相牴觸。

處方

留心家庭作業

過去二十年來，年輕學生的家庭作業量不斷穩定增加。但這麼做有道理嗎？美國自一九八七年以來進行的研究顯示「家庭作業與成就連結和成果評量（成績相對於標準化測驗）或教材（閱讀相對於數學）之間沒有強烈關聯。」因此我們必須自問，為什麼不讓孩子花時間從事一項經證明能增進大腦發展的活動，而要強迫他們去做一件被證實沒什麼多大用處的事？

如果你的直覺告訴你，家庭作業出得並不是很用心，只是為了讓老虎老師感覺良好，或讓學校排名進步，你很有可能是對的。問問自己：做這麼多家庭作業是在幫助還是抑制孩子的整體成長？如果你覺得沒有幫助，甚至反而造成傷害，看看有沒有辦法能讓作業變得有意義、有趣或好玩。一項家庭作業要怎麼和CQ做連結呢？我們能利用作業讓孩子瞭解看似抽象的概念可以改變人的生活嗎？舉例來說，數學概念可以用來解釋各種現象，像是家裡的購物帳單和失業統計數字。

依我所見，很多家庭作業是十九世紀教育體制留下來的產物，在很多層面已經和二十一世紀脫節。那種家庭作業不但冗長、無聊、讓人對學習興趣缺缺，還占用掉寶貴時間，無法進行真正能提升腦力的活動，像是玩樂。發揮一下你的觀察力和直覺。你的孩子做功課時有什麼表情和行為？難度是否太高，害孩子對學習興趣缺缺？難度是否太低，讓孩子覺得沒挑戰性？孩子的學習如果落在「挑戰區」裡成效最佳，既不會太簡單，也不會太難，挑戰性剛剛好，可以鼓勵他們解決問題並學習。家庭作業可以很有益處，但它只是兒童學習的許多方法之一。最好的學習應該是好玩的、基於現實生活、能夠嘗試錯誤而且可以實作。這聽起來不就是玩樂嗎？

處方

寓玩樂於大自然

小時候，我透過好奇心和在自然中玩耍找到正念。長大後，我們沒有住在美麗的自然環境，但擁有一個有泥土的小後院，夏天會出現很多蟲，冬天則下很多雪，還有幾顆瘦骨嶙峋的樹、鳥兒（烏鴉）、一望無際的天空，以及四季都吹拂的微風。我有這樣的自然環境就足夠了。幾乎所有孩子天生就對自然有好奇心（在老虎搞破壞之前）。你覺得為什麼一個嚎啕大哭的寶寶把他帶到戶外就會停止哭泣？大部分的孩子都愛大自然和它所包含的一切：動物、樹木、白雪、沙子、波浪和新鮮空氣！

我沒有虎爸虎媽阻擋我，所以可以順從自然的好奇心，在外頭待上很長一段時間，盡情看、聽、聞、嘗（沒錯，我會吃很多雪）和摸周遭的一切。你們很多人可能在成長過程中也有類似經驗。當時我們並不知道自己在「戶外玩耍」的同時也在微調外在和內在感官並開發直覺。真正的玩樂，也就是「玩到忘記時間」是正念的一種形式。當我們投入在玩樂中，特別是身處大自然，會進入一種禪修狀態，獲得各種相關效益。只要有草地、泥土、蟲子、白雪、新鮮空氣、樹木和鳥兒，我就可以冥想數小時。當然了，這種行為不可能持續一輩子，但我的直覺一直告訴我要走到戶外看看草地，聞聞泥土，聽聽樹葉沙沙作響和鳥兒啁啾聲，讓微風拂過臉龐，嘗嘗新鮮空氣。我喜歡走到戶外，特別是當我感到失衡或失調的時候（但這件事多年來被我忘得一乾二淨）。待在戶外能幫助我注意到大自然傳遞的訊息並據此行動，不會等到它們變成警訊。我現在知道這一點，也會身體力行。我盡量一天走到戶外一次，最好是獨自一人散步，不要因為其他事分神（也就是不要用手機）。有時甚至五或十分鐘就夠了。這個練習（以及瑜珈，在我做得到的時候）就是我的正念。

帶小孩走入大自然是一個讓他們玩耍和增進正念（以及健康、快樂與動機）的絕佳方法。我深信人有可能得到理察・洛夫（Richard Louv）在二〇〇五年出版的《失去山林的孩子》（*Last Child in the Woods*）一書中所說的「大自然缺失症」（nature deficit disorder）。雖然這不是醫學上的疾病，至少目前還不是，但我自己和患者的經驗都讓我認定待在自然的時間不夠長會導致各種兒童問題。事實上，不少研究顯示戶外活動時間和我們的身體、認知和情緒發展有關連。研究顯示，享受公園、沙灘、濕地或森林等自然環境可以降低血壓、焦慮和壓力。接觸自然可以幫助你睡得安穩，增進「朝氣蓬勃的活力」，甚至促進免疫系統。

運動對你有好處，從事戶外運動更是好處多多。在二〇〇八年，格拉斯哥大學（Glasgow University）的研究員用科學證實了這一點。他們檢視了運動在自然以及非自然環境中對心智健康的影響，觀察在室內和戶外從事走路、跑步和騎自行車等體能活動的受試者。他們發現在戶外運動的人，腦部壓力較小。此外，這些人的心智健康比起在室內運動的人增進了將近百分之五十，主要在於較不嚴重的心智健康問題，像是輕微憂鬱症和失眠。

身處自然讓人感到活力充沛。羅徹斯特大學（University of Rochester）一系列的研究發現身處戶外能激發活力，「超越體能活動和社交互動所帶來的影響。」根據計畫主持人理察・萊恩（Richard Ryan）指出，「研究顯示較有活力的人不但對於想做的事更有精力，對於身體病痛也更有韌性。獲得健康的路徑之一可能就是花更多時間在自然環境中。」

我問我的患者潔絲敏一星期花多少時間在戶外。這位芭蕾舞者患有「從來都不知道該怎麼做」的焦慮症，感到喘不過氣。她一開始用狐疑的眼神看著我，我猜想她可能覺得這個問題跟她毫不相干。但我請她配合我，算算看自己在戶外待多少時間。她花了幾分鐘計算，然後用有點絕望的表情問「坐在車子裡，但窗戶是打開的」算不算。「不算」我回答。「好吧」她說，「星期一到星期五大約六十分鐘，週末可能再一小時，所以一個星期下來算是有兩小時可以呼吸新鮮空氣。」潔絲敏住在郊區，她從家裡的附加車庫上車再坐到學校。基本上，她能接觸到大自然是星期一到星期五從媽媽車上走到學校（以及媽媽來接她時走回車上）還有進出家門的這段時間。根本不夠。她要運動只能趁芭蕾舞和課業之間的空檔在室內完成，常常忙到必須在車上吃飯和做家庭作業。潔絲敏的生活太忙碌、太結構化也太不用心。她會感到喘不過氣是因為她被父母製造的泡泡包起來，沒有什麼機會可以在自然中探索、開發和培養直覺、順從好奇心和運用五個外在感官，但這些都是「知道該怎麼做」和適應的必備條件。

處方

以身作則，重視玩樂

許多體質人類學家（physical anthropologist）認為人類是所有物種當中最有可能把孩子氣的特質帶到成年期的一種，而這是一件好事！這代表我們可以繼續玩耍。你應該玩耍，特別是在孩子面前。如果你平常玩得就不夠，那就重拾玩樂吧。上音樂課、舞蹈課、規律的從事一項你喜歡的運動、做園藝、健行、或單純因為好玩去探索都行。重點在於讓孩子知道你也重視探索、玩耍、創意、嘗試錯誤以及樂趣！

不用「排進」行事曆，去玩就對了！

你不需要把玩樂排進孩子的生活，或特別空出時間陪孩子玩。玩樂很容易融入日常生活。舉例來說，早上刷牙可以變成一場細菌「壞蛋」和牙膏「英雄」之間的戰爭。穿衣服可以變成一場奧運競賽，穿最快的可以獲得金、銀和銅牌。在排隊或等紅燈時，我和我的孩子常常玩一種我們叫做「連結」的遊戲：隨便挑三樣東西，想出它們之間的連結。就連監督家庭作業都可以變得很有趣。有時我會戴上老師眼鏡，假裝我是邪惡的「壞壞老師」。如果孩子題目沒答對，壞壞老師會發出得意笑聲，讓他們覺得很滑稽。要是答對了，壞壞老師會深受打擊、大發脾氣，一樣讓他們覺得很滑稽。

除了這種日常生活玩樂，你也可以鼓勵孩子玩樂以瞭解他們的興趣。柏拉圖曾說：「跟一個人玩一小時比跟他對話一整年更可以瞭解他。」我喜歡問孩子：「有沒有什麼你想試但還沒做過的事情？我在你這個年紀的時候，常常騎腳踏車到商店、幫忙做早餐煎餅、管理自己的零用錢、玩和探索木頭、泥土等等。你覺得做什麼事很好玩？」我很意外我家大兒子說他想「打一顆蛋」，小兒子說他想做玉米片和乳酪醬！

由於很多人會覺得自由時間很浪費時間，我也鼓勵家長確保孩子有時間「放空」。我有一名年輕的憂鬱症患者，他跟我說他在戶外比較放鬆，所以我建議他的母親讓他有時間可以到戶外放空一下。她的回答呢？「我讓他到外面要幹嘛？站在那裡看天上的雲，而不是把這個時間拿來學東西？」同一個月，我有另一個轉診過來的注意力不足過動症患者。我問她有什麼困擾，她說：「我的老師注意到我上課總是不專心，會一直盯著窗外的雲朵。」經過評估之後，我的結論是這個小女孩根本沒有注意力不足過動症。她只是被過度保護而且忙到沒有時間到外面盯著雲朵看！

玩樂中的CQ發展因數

傑夫・戴爾（Jeff Dyer）、海爾・葛瑞格森（Hal Gregersen）與克萊頓・克裡斯坦森（Clayton Christensen）在劃時代的著作《創新者的DNA》（*The Innovator's DNA*）中整理出世界上最優秀的創新者會做的五種行為。值得慶幸的是，這些行為（我所謂的「CQ發展因數」）都是孩子一有機會就喜歡做的事，也本來就是玩樂的一部分，不需要什麼特別訓練！

1. 鼓勵觀察

孩子可以花很多時間看一件事情如何發生，而且這件事通常簡單又平凡。不管是把一堆沙子從一邊移到另一邊，看著水在排水溝中流動，還是盯著一排螞蟻走路，他們都在觀察。孩子仔細觀看周遭世界時會得到洞察力，刺激他們想出新點子、新做法和連結事物和想法的新方式。

如果孩子被逼著去上一個又一個的結構化活動，哪來的時間觀察世界？如果有人不斷告訴他們該怎麼做，他們怎麼有能力觀察事物自然發生、發現什麼讓他們感興趣和迷惑，以及滿足好奇心？

2. 鼓勵發問

要發展批判思考能力最好的方式之一就是問大量問題。想想達文西，他可說是史上最具創意的批判思考者，對學習的渴望永無止盡：

我漫步於鄉村，尋找我所不解的答案。貝殼以及通常存在於海洋的珊瑚、植物與海草痕跡為何會出現在山頂上。為何雷聲持續得比打雷久，以及為何一打雷便可看見閃電，但雷聲需要時間才會傳過來。為何將石子投入水中會在落點出現一圈圈的波紋，以及為何鳥兒可以在空中支撐自己。這些問題和其他奇怪現象一生都占據著我的思緒。

問問題是孩子很自然會做的事，而且很熟練。他們自在的玩樂和探索時就會冒出問題。「為什麼天空是藍的？為什麼草是綠的？為什麼太陽從一邊升起、另一邊落下？為什麼你要去工作？為什麼人會死？為什麼，為什麼，為什麼……？」

什麼問題都要問的孩子擁有挑戰現狀和突破界線的熱情。創新者擁有所謂的高「問答比」（Q/A ratio），「也就是在典型的對話中，問題不僅多於答案，被重視的程度還至少等同於答案。」我認為批判思考者也是一樣。事實上，我覺得這麼說也不為過，一個人若無法批判思考也成為不了創新者。

過度安排行程、記憶力訓練和永無止盡的練習都會扼殺孩子問問題的能力。害怕犯錯也會。如果你害怕犯錯或擔心問問題看起來很蠢，你就不會問了。

經坊間說法和研究證實，問對的問題為科學、商業、科技和全球解決方案帶來了最大突破。但在這個世界中，考試成績和對的答案不是仍被視為智力的關鍵要素嗎？我曾聽一位教授說：「現在當教授很簡單，因為學生都不問問題了！」

3. 鼓勵實驗

所有動物都透過嘗試錯誤來認識這個世界。我相信第一隻把海綿套在喙部上在海床搜索食物的海豚一開始也不得要領，但最後因自己的發明而歡喜不已。嘗試錯誤對孩子來說也很重要：透過新的經驗可以學到一、自己有沒有能力做到某件事；

二、怎麼樣才有辦法做到；三、有沒有喜歡到想再做一次。還記得蘇斯博士（Dr. Seuss）《綠雞蛋和火腿》的故事嗎？山姆（Sam-I-Am）不屈不撓的說服他的朋友吃吃看綠雞蛋和火腿。他邀他在盒子裡和狐狸一起吃、在房子裡和老鼠一起吃、在船上和山羊一起吃，但這位朋友總是拒絕。山姆從未死心，最後終於讓朋友試吃了。沒想到，朋友這才發現他很喜歡綠雞蛋和火腿。

從定義上來看，實驗需要嘗試錯誤，這代表犯錯甚至失敗。實驗和犯錯教導孩子找出方法和成功的步驟。透過錯誤和失敗，孩子會學到不是每件事做一次甚至十次就會成功。錯誤給他們一個停下來評估現狀的機會，思考該怎麼改變才能在下一次成功。

伴隨著實驗而來的失敗根本不算失敗，而是邁向最終成功的學習契機。舉例來說，愛迪生發明燈泡時失敗了九千次。他說：「我沒有失敗……我只是學到了九千個做不出燈泡的方法。」

失敗是學習不可或缺的一部分，能夠瞭解這一點的孩子其實表現較佳。因為犯錯而受到冷落或處罰的孩子可能會變得害怕犯錯。這些孩子可能只會做他們知道一定會成功的事，所以不會去「玩樂」。只有做「對」的事才有獎勵的孩子體會不到犯錯的重要性，導致他們較不願意承擔風險和嘗新。

4. 鼓勵聯想

聯想包含連結、重新整理、以新的方式傳達已知概念。虎爸虎媽的孩子很難做到這一點，因為他們常常缺乏各種現實生活經驗，除了指令之外沒有自由思考的空間。史帝夫・賈伯斯（Steve Jobs）在一九九六年一場《連線》（*Wired*）雜誌的訪談中提到連結的重要性，以及為什麼我們連結得不夠：「我們這一行有很多人缺乏多元經驗，所以沒有足夠的點可以連結，最後只能提出非常線性的解決方案，看不到問題的全貌。」賈伯斯二〇〇五年在史丹佛大學畢業典禮的演講中說：「各位無法預先串連人生的點滴，只有在回顧時，才會明白那些點滴如何串連。所以你必須相信，眼前經歷的種種，將來多少都會連結在一起。」有個例子告訴我們史帝夫・賈伯斯如何串連他的「點滴」。他從裡德學院休學一學期後，回來旁聽了一門寫字課。它既不是必修課也非先修課（反正他不必受限於正式學生的選課規定）。依照賈伯斯的說法，上書寫課「不會對我的人生產生任何實際作用。手寫字體的美感、歷史價值和藝術造詣是科學無法捕捉的，我覺得很迷人。」多年之後賈伯斯才重新連結他對手寫字體的喜愛，並將這種優雅美學融入到蘋果產品的設計中。

5. 鼓勵人脈建立

人脈建立需要連結形形色色的個體。雖然我們原本的人脈可能是志同道合的一群，但跟想法很不一樣的人建立關係會產生很強大的連結。擁有相異背景和不同觀點的人交流時，想法會被測試並產生新點子。如果你曾遭遇瓶頸，你知道通常和別人談一談，問題就能迎刃而解。有些孩子很自然就能建立人脈，跟操場上每一個同學都可以打交道，但有些孩子總是跟同樣幾個人膩在一起。不管是哪一種，我們知道讓孩子建立人脈可以幫助他們交換意見和尊重新點子。你覺得晚上去上補習班的年輕學生能建立多少人脈和與他人合作？他們多年來被逼著練習和死背，醒著的每一刻（甚至是不該醒著的每一刻）都在練習完美和死背知識。

在西方社會中，孩子通常不會花太多時間做一件事。但他們可能投入無數個小時參與各式各樣的活動，像是鋼琴、划船、芭蕾和數學。一般情況下，這些活動都是高度結構化的，由老師或教練指導，限制或消除了孩子在現實生活中建立人脈和與人合作的可能性。業界人士會告訴你：熟練的社交技巧是建立強大人脈和緊密合作的關鍵。你有沒有看過滙豐銀行絕妙的廣告說「在未來，商業就是社交」？我認為未來已經到來。下一章我們要談的就是人類社交的基本需求和欲望。

第七章 人類是社交的動物

我的公公在人生走到盡頭時，帶給我一個令人心碎但又深具啟發的經驗。他多年來飽受前列腺癌之苦，在我跟丈夫婚後僅僅四個月便過世。他嚥下最後一口氣時我看著他的眼睛，我可以感覺到他所留下來的風範。身為工廠工人，他從來沒有撼動這個世界的力量，但他是一個正直的人，擁有很強烈的道德感、原則性和價值觀，因此他在自己的小社群裡是一名領袖，設立道德標準並帶來深遠的影響。他的葬禮有好幾百人出席，遠超乎我們預期。他們似乎都是為了來說一句：「謝謝。」在他短短的六十年生命裡，我的公公和這麼多人建立了交情。有些人述說他為他們做的事：「他幫我找到工作」、「他在工廠為我挺身而出」，還有「他在我有困難的時候借我錢」。不過，也有很多我丈夫根本沒見過的人提到他的為人：「他總是做對的事」、「他很關心大家」、「他是個很有骨氣的人」。我在公公的葬禮上親眼見證一個人一生當中最能夠被記得的重要大事，就是對周遭世界和社群的貢獻。雖然我的孩子從未見過爺爺，但只要遇到認識他的人，就會聽他們提起他生前的美德。我知道我的孩子透過這些評價和事蹟可以感受到爺爺留下的印記，我也相信這些故事能讓孩子對社群和貢獻增添認同感。

幾乎每一個人在過世時都希望大家能記得我們和他人建立的情感，以及一生當中做了什麼好事，既使我們現在沒有意識到這一點。我指的是人類心底最深層的欲望：與他人建立關係以及找到人生意義的強烈需求。事實上，這也是人類生養下一代的主要原因。我們都希望留下「我曾經活過」的訊息給親朋好友、社群和周遭世界。我猜想大部分的人在即將嚥下最後一口氣之前，都會想著自己是不是讓這個世界變得更好了一點。

海豚跟人類一樣是高度社會化的動物，擁有強烈的社群意識。牠們的生活總是離不開群體，海豚在這個豐富的社會群體當中共同生活、工作和玩樂。若某個成員生病或受傷，其他海豚會跟牠待在一起，常見的狀況是遊在牠的下方，將牠推往水面呼吸。

有時數個海豚群體會聚集成一個超大群體一起行動，數量可以高達一千隻。他們建立關係，共同狩獵和玩耍，還會保護和幫助其他種類的海豚（世界上的海豚種類超過四十種，包含紐西蘭四呎長的大西洋黑白海豚和南北極二十呎長的虎鯨）。就算其他種類的海豚擁有不同的長相和溝通方式也一樣。海豚的進食習慣也顯現出社群意識：牠們只拿自己所需的份量，會和自己以及其他群體裡的海豚甚至非哺乳類動物（例如：鮪魚）分享食物。

互助合作以及與同類和其他動物形成複雜的水中聯盟都是海豚生活方式的一部分。想一想下面這個例子。在二〇〇八年，紐西蘭有一群鯨魚不知怎麼的擱淺了。許多當地人過來幫忙，也成功的把這些龐然大物推回水中，但由於鯨魚不熟悉附近環境，最後又直接回到了沙灘上，身陷囹圄。人們一直試著幫忙，但鯨魚不斷回到原地。最後鯨魚和人類幫手都累壞了，幾乎要放棄。這時「摩可」（Moko）出現了，這一隻海豚常常跑來和泳客玩耍，全鎮都認識牠。摩可直接游向受困鯨魚，顯示牠要幫忙。這一次，沙灘上的鯨魚再度被推入水中之後跟在摩可後方，讓牠（看似很自豪的）帶領牠們回到大海，讓沙灘上驚訝不已的人群爆出歡呼聲。

海豚也有幫助人類的紀錄。一名十四歲男孩從父親的船上跌落，無法游泳而溺水，這時一隻海豚突然出手相救。牠把男孩推到水面靠近船的位置，讓父親可以抓住男孩，把他拉上去。另一個例子是一群海豚圍繞著一名被鯊魚盯上的男子，形成保護圈，而且一直待在他身邊直到鯊魚離開和人類救援到來。

小海豚剛出生那幾年，父母會把社群意識和狩獵擺在第一位。為什麼社群連結被重視的程度和狩獵技巧一樣？海洋如此廣大，海豚早已體認到和群體合作甚至在必要時和其他群體結盟才是最佳生存和繁榮之道。事實上，證據顯示海豚和其他群體成員建立深厚關係時，比較能夠成功養育下一代，幼子因掠食者或其他災難死亡的機率較小。就連寶寶出生前，身為「阿姨」的群體成員會幫助懷孕的母海豚保持健康，跟牠分享食物並在生產過程中提供協助。

什麼是社群？

我們一出生就有父母保護，但人生大半輩子必須靠自己生存和茁壯。不管是小時候還是成年後，我們的世界都由社交互動主導。

所謂「社群」是「一個社會性、宗教性、職業性或其他性質的團體，成員擁有共同特質或興趣，在它存在的較大社會中被認為或自認為在某個方面不同於他者。」一個社群也可以單純指稱「你們那一群人」或「你的群體」，也就是你在乎並分享生活的人。

孩子會在社群裡學到他人如何面對掙扎和失望，也會學到謙虛、韌性和問題解決的價值。他們會學到社群成員如何幫助其他卡關或犯錯的同伴。並學會和一群人同樂。他們會體驗與他人分享成功的喜悅，以及遭遇挫折時受到支持的安慰。

社群提供一個環境讓豐富的社交連結可以成形，創造朋友、精神導師和模範。學習社交技巧的不二法門就是去嘗試。在社群中，年輕人可以透過嘗試錯誤很快理解到太愛競爭、完美主義、過度自信、自大和自以為是會帶來什麼負面效應。他們會學到怎麼溝通、合作與解決衝突。他們會學習為自己的行為負責任，以及如何信任、尊重和公平對待他人。為他人著想是社群的本質，也是貢獻的基本定義。

雖然這麼說看似矛盾，但獨立和達成個人成就的基本技能必須在社群的結構和安全範圍內才發展得出來。在社群中成長能教導孩子如何尋找、創造和培養自己的社群，不管他們身處人生哪一個階段、做什麼工作、住在哪裡。我們在社群裡建立自己的身分認同，開始探尋一些基本問題的答案，像是「我是誰？」「我在世界上的定位是什麼？」「我是怎麼樣的人？」「我想在人生中追求什麼？」這些問題的答案無法靠一己之力找到，必須透過集體認同的經驗以及與現實世界的關係才能體會。孩子長成青少年或年輕成年人時，可能會「嘗試」各種身分認同並進出他們的社群。他們可能會體驗到當一名反叛者、溜冰員、勢利鬼、運動員、學者或書呆子是什麼感覺，直到最終找到自己的身分認同。他們可能聲稱自己不在乎別人怎麼想，但你如果真的相信那就錯了。我們定義自己在社會中的角色以及與他人的關係完全都是為了建立社會認同。

家庭必須是社群，但有的家庭不是。我有一名十五歲的患者卡拉被她的叔叔性虐待。極度不安之下，她決定向家人揭開這個傷疤，但一開始他們只想把這件事「壓下來」。身心受創的她開始吸毒並逃家。我為她感到心碎，跟警方一起找了她兩星期後仍沒有消息，我害怕最糟的情況會發生。然而，卡拉失蹤的這段期間在一個很不平凡的社群裡找到了歸屬感。她最後來到了溫哥華市中心東端一個充斥著犯罪、毒品和娼妓的區域。不過，它也有強大的社群。卡拉在這裡遇見了一名有著類似遭遇的年輕女子，這名女子介紹卡拉認識其他幾個能跟她產生共鳴的女性（其中很多人是有毒癮的娼妓）。這些女性照顧卡拉，保護她的安全，還提供她食宿。她們傾聽她的心聲，不會批判她，並引導她避開她們過往的錯誤，最後回到家中。卡拉回來接受治療後告訴我，她跟這些女性在一起感覺很好。由於她跟她們建立了情感，所以決定翻轉自己的人生，把焦點放在未來而非過去。卡拉回到學校上課，並在市中心東端當一個熱情又的女權倡導者。她跟我說，雖然過去有創傷，但她現在很快樂。

什麼是貢獻？

我們有時候會覺得社交名媛或無私的虔誠教徒才能跟貢獻畫上等號。事實上完全不是這麼一回事。我們所有人天生就會付出。做出貢獻會得到幸福感和愉悅。生理機制需要我們為自己的生存貢獻；如果生活中沒有貢獻，我們會變得失衡、不舒服和不健康。跟玩樂一樣，不付出會活不下去。

有關Y世代的研究告訴我們今日的年輕人比過去任何世代都還要重視金錢和地位。同時，今日的年輕人也被認為是最「沒有動力」的一群，眼高手低的問題很嚴重。由此看來，金錢和地位並不足以激勵年輕人。那什麼可以呢？

貢獻。我認為「為了更大的目標而努力」是過於被低估的一個激勵因數，尤其是被父母。和社會連結以及社群一樣，我們知道貢獻很重要，但父母有時會忘了這一點。想一想印在賀卡上的祝福語和婚宴上的致詞。被人稱許「善良」、「聰明」或「有趣」很好，但真正觸動內心的讚美是說我們「付出關心」、「陪在身旁」或「總是願意幫忙」。「你讓這個世界變得更好」是一個人所能得到最高的讚美之一。

做行銷的人都知道大家很重視貢獻，所以愈來愈多行銷活動主打這一塊。不管店家是修車廠、當地市場、律師事務所還是企業，常見的標語包括「因為我們在乎」、「我們帶來改變」和「相信就是力量」。舊金山大學有一個很棒的標語：「改變世界，由此開始。」

蘿拉是我一個朋友的女兒，她是一個很有天分的音樂表演者。不過，她雖然才華洋溢，卻提不起勁來練習。她的音樂和聲樂都練得不夠，態度通常都「很不好」。蘿拉的動力似乎來自於某種形式的貢獻，因為她很喜歡娛樂大家，讓其他人開心。但令她的父母不解的是為什麼她的表演動力一天比一天低落，特別是她明明佳評如潮。蘿拉的父親告訴我，她最令人震撼、最深刻的一場表演根本不用人家哄騙或敦促，自己就會認真準備，而且演出完美無瑕。蘿拉演出的話劇是她真心付出情感的，故事有關一名年輕女孩排除萬難爭取自己的受教權。事實上，蘿拉深受這部話劇感動而決定採訪其劇作家，一名住在養老院的老太太。後來這位劇作家幫助了蘿拉麵對她在人生中遇到的掙扎。當然，蘿拉擁有完整的受教權，但她總覺得人生中需要爭取某個東西，而這部話劇讓她理清頭緒。她只是想「謝謝」這位劇作家對她的人生帶來貢獻。從這個經驗當中，蘿拉找到了動力低落的原因：她不只想「娛樂」大家，而是要像那位劇作家感動她一樣「感動」眾人。她希望透過她的表演來改變生命。她想要「帶來改變」。

透過獨特天賦來對世界做出貢獻是終極的激勵因數。我把貢獻當成處方開給我所有的患者，因為我知道它能讓大腦釋放一些他們急需的多巴胺。光是寫一張支票捐給慈善機構就能讓人滿足，但運用自己獨特的天賦對世界產生貢獻更能得到天大的滿足。想一想超級英雄。每一個超級英雄都想拯救世界，這就是他們的本質，不是嗎？每一個超級英雄都有超能力，可以為世界做出獨特貢獻。跟我們所有人一樣，他們也有弱點阻礙他們貢獻，不然一個毫無弱點的超級英雄也太無聊了吧。許多超級英雄都有另一個過著平凡人生的自我，這告訴我們任何人都可以成就非凡並擁有超級英雄的特質。超級英雄代表我們最高尚的價值觀（像是正義、美德和關懷），這就是為什麼這些故事都歷久不衰而且普遍被認同。誰不想跳脫日常瑣事，真正為他人帶來好處？

人們經常透過工作來對自己的社群做出貢獻。醫生助人改善健康，老師形塑下一代的心智，記者挖掘真相。我注意到有些人喜歡自己的工作是因為他們能回饋。他們經常在過去接受過別人有意義的幫助，為他們的成長和成功做出貢獻。

父母常常說：「不管你做什麼，只要盡力就好。」為什麼？因為盡力的確很重要。如果你做一件事盡心盡力，這個事實本身就能啟發他人表現出最好的樣子，這就是貢獻，也是帶來改變、實現人生意義、讓世界更美好。

社群和貢獻帶來的生理獎勵

社會互動和連結帶給我們幸福和愉悅。這種幸福愉悅感是生理給我們的獎賞，因為我們做了對生存至關重要的事。社會互動和社交連結都會刺激腦部釋放多巴胺，但社交連結刺激得多一點。為什麼某些社交活動能帶來更多獎勵呢？從生理的角度來看，社會互動是往對的生存方向踏出一步（認識他人並互動很重要），但社交連結能建立一個健全的社群，而健全的社群是我們生存所必需的。這就像是約會和戀愛的不同。和約會對象見面或調情會釋放一些多巴胺，但陷入愛河（可能產生後代，讓社群擴張）會釋放非常大量的多巴胺。當催產素（oxytocin，一種「感覺良好」的荷爾蒙，會在我們依偎、擁抱、親吻時釋放）一加入，就會帶來深深的滿足和安慰。

如果你還無法認同人類完全是社交的動物，花點時間和青少年相處就知道。你會看到社會行為是如此根深蒂固的存在於他們正在發展的腦部。從青春期開始，青少年會完全沉迷於社會行為中，像是誰跟誰在幹嘛。對年輕的腦部來說，社會互動是獎勵的強力放大器，而同儕團體互動會增進多巴胺的釋放。想想看青少年被邀請參加一場派對會多興奮，還有被排擠時會多低落。一些腦部掃描研究顯示，青少年的大腦受到同儕排擠時的反應跟面對身體傷害的威脅或飢餓很類似。也就是說，青少年可能把社會排斥當成自身存在的威脅。最後這一點讓我們比較能夠理解為什麼青少年會把社交上的起起伏伏當作人生的一切，不管是在現實生活、網路上或想像世界中。

社交連結是獲得快樂不可或缺的要素，甚至比生命基本需求還重要。伊利諾大學的研究員在二〇〇五至二〇一〇年間針對一百五十五國進行的一份研究中發現，人們在基本需求沒有被滿足的狀態下，只要持續擁有良好、正面的人際關係就可以感到幸福並實現自我。即使處於生命基本需求有限、安全不受到保障的戰亂時期，受試者還是能感到幸福，只要他們能維繫正面的社會連結。事實上，這份研究發現物資缺乏、危機重重的極端狀況可以加強社交連結。因此，有些經歷過嚴重創傷（例如：戰爭）的人會把這段期間描述成人生中最美好的時光之一。

同樣的研究發現人們在社會其他成員的需求也被滿足時比較快樂。換句話說，一個人的滿足不僅來自於自身的生活品質，也來自於他人的生活品質。不過當然了，我們天生就會聚集、保護、爭取和建立自身的安全，但我們也本來就會與人產生社會聯繫並關懷社群。古諺說：「施比受更有福。」現在這句話有科學佐證。哈佛商學院教授麥可・諾頓（Michael Norton）與他的同事在二〇〇八年進行一項研究，發現給予他人金錢比自己花錢更讓受試者感到快樂。一項二〇〇六年的研究則發現施與他人跟進食以及性交時產生的愉悅所活化的腦部區塊一模一樣。腦部磁振造影顯示，捐錢給慈善機構會刺激大腦的獎勵中心釋放多巴胺，讓我們感到幸福喜悅。

貢獻實際上能延長我們的壽命。一項針對年長者進行的研究顯示，為配偶提供情緒支援或為社群成員（親友、鄰居）提供實質幫助的年長者在五年內過世的風險較低。加州大學柏克萊分校一項年長者研究發現，在兩個以上機構做志工的長輩在五年內死亡的機率比其他人少了百分之四十四（年齡、吸菸或其他負面健康習慣、健康概況和運動模式等因素皆受到控制）。助他人一臂之力不會害死你，但不這麼做就有可能。

透過社群和貢獻來發展CQ

詹姆斯・華生（James Watson）和法蘭西斯・克裡克（Francis Crick）在一九五〇年代跟許多人一樣試圖解開人類DNA結構之謎。在一九五三年，他們創造了科學史上的紀錄，成為第一批發現著名DNA雙螺旋結構的人，帶來分子生物學和遺傳學方面的突破。相當有趣的是，華生和克裡克一個是物理學家、一個是動物學家，這兩個職業看起來跟化學與人類生物學相去甚遠，但他們互相激勵、挑戰、辯論、對立、試圖說服對方，最後在這項重大發現上達到共識。

獨立作業很難讓你想出新的解決方案，或甚至測試你已經有的選項。但在團隊當中，擁有各式各樣背景的成員可以互相激盪出最棒的想法。克裡克在他的回憶錄中寫道，他若是獨立作業，可能就不會發現雙螺旋結構了。

ＣＱ的兩大要素是合作與社群。合作與溝通需要用上社交技巧，也就是能夠與團隊成員相處融洽，有效表達自身想法並影響他人，並和不怎麼喜歡的夥伴共事。社交技巧可以是成敗關鍵，在學校或畢業多年之後都是如此。一個在學校擁有好人緣的孩子，通常未來的發展也不錯。但一個不擅交際的孩子在交朋友、保持友誼以及和其他學生一起做報告時就會遇到很大的困難。事實上，研究顯示，從幼稚園學童交新朋友和被同學接納的狀況就可以預測他們在課堂上的參與度，甚至是在學科上獨立作業的程度。也就是說，擁有愈多社交技巧的孩子愈能獨立學習。

體驗社交挑戰讓孩子學會如何自動自發、談判溝通、自我肯定、多元發展和適應環境。社會互動讓孩子能夠在遇到使人難受、情緒化的狀況時可以去討論和解決。以上這些技能都會增進創意和批判思考，也就是ＣＱ的其他兩個要素。**如果孩子總是在練習幾個狹隘的能力，或被接送去上某個全程有老師指導的活動，那就學不到現實社交情況中真正會用得到的生活技能。**我有一次無意間聽到一名母親唉聲嘆氣的說她社區中的小孩大部分都比她十歲的兒子還要小。她說：「他不得不跟年紀比他小的孩子玩，我很擔心他學不到任何東西。我寧願他跟同齡或更大的孩子玩，這樣至少學得到新技能。」她真是錯得離譜。跟年紀較長的孩子玩的確可能學到新技能，像是丟球丟得比較好或是一些新字彙。不過，和年紀較小的孩子玩可以學到許多重要的社交技能。事實上，他們會學到同情心和同理心，這些都是高ＥＱ和成功所不可或缺的。年長孩子必須學著讀懂年幼孩子的非語言暗示，幫助他們克服障礙。同等重要的是，年長孩子必須向語言理解能力較低的孩子有效解釋新的概念。沒有什麼比向年幼孩子解釋道理還更能強化自身知識或暴露自己需要發展的區域。

和社群中各個年齡層的人互動也能增進ＣＱ。像是當責和責任便是四個ＣＱ技能背後的價值；學習說到做到和遵守諾言；贏得他人尊重、敬佩和仰慕（以及做出不道德或沒有原則的行為會讓這些尊重、敬佩和仰慕消失得有多快）。具備高ＣＱ的孩子重視公民責任，瞭解社群歸屬感和貢獻的重要性。

我們現處於歷史的關鍵時期，人類活動正以前所未有的速度改變地球和整個生態系統。世界人口已達七十億而且數字不斷往上攀升，我們巨大的足跡只會增加不會減少，我們面臨的問題嚴重性和變化亦是如此。現在正是全人類團結起來解決問題的時刻。下一代面對的挑戰十分艱難，他們所做的決定具有重大影響。值得慶幸的是，我們已經知道人類與生俱來就會互相關心、分享和合作，因此我們現在最該做的是順應本性。

即使社會連結存在於人類天性，我們還是常常忘記這個事實。總是會有人忘記或是將社會連結需求降至最低，然後再來懷疑自己為什麼會感到沮喪、焦慮和疲累，這樣的例子屢見不爽。

老虎忽視社群與貢獻

老虎把他們身處的環境視為競技場而非社群，有些大、有些小，但全由個人表現來定義。在競技場中，所有人互相競爭，只有能夠幫助你「獲勝」（也就是達到立即目標，像是在下一次考試或比賽中脫穎而出）的人才具有價值。這種思維常常讓虎子變得爭強好勝，缺乏重要的社交技能，像是合作和溝通。

虎子太習慣身處於競技場中，因此他們很容易把所有人看成是競爭對手，包括同學、隊友，甚至是自己的兄弟姊妹。在手足和親友分享成就的喜悅時，虎子可能會感到緊張或嫉妒，因為他們的人生總是籠罩在「得不到第一」的恐懼之中。因為他們成長的環境只會獎勵外在行為而非內在本質，讓他們深信成就決定一切，無法發展出真正的身分認同。

不管有意無意，老虎父母常常把子女跟其他人隔開。虎子通常都忙於課業和參加依年齡區分並由成年雇員運作的活動。他們沒有太多時間跟親朋好友相處（包括祖父母，即使他們住很近）。朋友、表親、叔叔、阿姨和祖父母的角色都弱化了，因為虎子只把時間花在能幫助他們「成為第一」的活動上。結果很可惜，虎子錯失了獲得正面榜樣、指引、輔導以及其他跨世代互動的機會。虎子接觸不到各式各樣的觀點。他們經常單獨學習或是由少數人教導。這些人可能多數都是被雇來的，例如：家教，和家長擁有類似的世界觀。

少了實質社會聯繫的人生是很孤獨的。孤獨聽起來也不是什麼大不了的事情，特別是當你住在頂樓豪華公寓並坐擁六位數高薪。畢竟高處不勝寒嘛！如果你是這麼想的，我告訴你：孤獨可以殺死你。我們就從單獨監禁（solitary confinement）這個最極端的孤獨形式談起。

單獨監禁是人類殘酷史上的一大諷刺。第一間設有單獨監禁牢房的監獄建於一八二〇年代，這種設計的用意是提供一個較人性化的關犯人方式。在這之前，罪犯都被關在過度擁擠的監獄裡，幫派橫行，充斥著羞辱和危險。過度擁擠的監獄的確慘無人道，但獄方很快便發現孤獨一人更可怕：單獨監禁的囚犯都「發瘋」了。今日，單獨監禁的有害影響極為完整的被記錄下來，包括睡眠障礙、焦慮、憂鬱、恐慌、暴怒、失控、妄想、幻覺、自殘、認知障礙以及完全精神崩潰。原本被認為人道的一項舉動，現在成為了獄卒手中最嚴重的威脅以及全世界最要命的折磨。

結果證明情緒孤立跟吸菸是排名一樣高的死亡風險因數。在一九五〇年代，治療師芙莉妲・弗洛姆・萊希曼（Frieda Fromm-Reichmann）為孤獨對人的影響奠下了研究基礎，這個主題複雜到現在我們還是無法完全理解。孤獨並非只是一種感受。它會像疾病一樣腐蝕我們全身上下，改變荷爾蒙訊號和路徑，造成系統破壞，例如：基因調控。長期孤立可能讓許多病症惡化，像是阿茲海默症、肥胖症、癌症和心臟病。舉例來說，研究顯示腫瘤在孤獨的人身上轉移較快。

孤獨不只是實體隔離。弗洛姆・萊希曼將孤獨定義為「對於親密的持久渴望」。就連一個整天被人群圍繞的人都有可能感到真正的孤獨。加州大學洛杉磯分校（UCLA）針對孤獨的研究發現高達百分之三〇的美國人不覺得跟誰特別親近。美國退休人協會（AARP）二〇一〇年一項針對四十五歲以上成年人所進行的研究指出，三分之一的受試者長期感到孤獨，在二〇〇〇年代早期這個數字則是五分之一。

UCLA一份二〇〇六年的研究顯示，身體疼痛和社會排斥所激發的神經系統是重疊的。這項研究採用「電腦化丟球遊戲」（cyberball），讓包含一名人類和兩個電腦程式的三名玩家互相丟球。（人類玩家以為其他兩名玩家也是人。）三人丟接球一陣子之後，兩個電腦程式開始「忽視」人類玩家，只跟彼此玩。與此同時，受試者的磁振造影掃描顯示出這種排斥所激發的腦部區域和身體疼痛一模一樣。

老虎的青年危機

艾娃是成功的鋼琴家兼律師，她來見我的時候二十九歲，有一個三個月大的孩子。「我的寶寶一點都不吸引人，還比別的嬰兒愛哭。」她告訴我。如果你不認識艾娃，可能會想：「得了吧，認清現實好嗎？」但遺憾的是，對艾娃來說，她真的覺得她的寶寶一點都不完美。

經過了十年幫助新手媽媽的經驗之後，我可以告訴你，愈好強也就是愈完美主義和孤獨的虎媽，產後需要做的調整愈大。做為新手媽媽，前幾個星期最需要的就是謙卑、忍受不完美、隨機應變和社群的幫助。艾娃吃盡苦頭。「我總是可以把每件事情做到最好。」她說。「我真的不知道什麼叫做不完美。」接著她承認她不像她認識的其他媽媽那樣會有人過來幫忙做飯、顧小孩或邀她聚會。

我很快就發現艾娃遇到的許多問題都源自於太習慣獲勝。她無法適應變化，因為她一輩子都在上家教課、每天不斷排練，讓她在面對真實世界時完全措手不及。可想而知，艾娃小時候花了很多時間處理考試和表演帶來的壓力，卻沒空應付一般生活中那些令人厭煩又經常模糊不明的事情，像是做家事、身兼多職以及團隊合作。

艾娃在成長過程中也相信好成績和獎狀讓她變得與眾不同，可以免做日常瑣事。的確，她不應該把讀書或練習的寶貴時間拿去浪費在洗碗上。但現在既然她已長大成人，這些現實生活中的責任不斷快速累積，成為她的絆腳石。

悲慘的是，艾娃無法不拿自己的孩子去跟別人比較。即使是她寥寥無幾的朋友都覺得這種排斥態度很令人反感。不過，艾娃真的不知道該怎麼樣不去競爭，也不知道怎麼和他人建立緊密連結，特別是在同儕之間，包括自己的丈夫。不難想像與她互動過的人都不怎麼喜歡她。

她的完美主義和好勝也讓她對自己的要求極度嚴苛。孩子出生後，她對自己的外表和身材更是挑剔不已，硬是擠出大量時間和金錢來恢復「體態」，卻還是陷入低潮。然而，最令艾娃痛苦的是她預期小時候付出的所有努力和犧牲都應該要有所「回報」，好像有人在這場人生競賽中不斷幫她打分數一樣。我經常觀察到這種現象，可以稱之為「老虎的青年危機」。

經過了幾個月的療程以及艾娃本身很多的正面改變之後，她有一天在我的辦公室哭了起來。她告訴我，她發覺自己的童年都耗費在不對的事情上。她為了追求個人成就付出了極大代價。但值得慶幸的是，她的絕望一下子就消失了。艾娃找回了海豚的精神，她決定不要讓女兒過著跟她一樣的童年，並且把重心擺在幫助女兒建立社會連結和追求更好的自己，而非鼓勵女兒去和別人競爭。她希望女兒能在起起伏伏的人生旅途中破浪而行，不要被困在競技場中尋求勝利。她也明白孩子需要一個社群才能做到這一點。

今日有太多年輕人的成長歷程就跟一開始走進我辦公室的艾娃一樣，他們被稱之為「應享權益的世代」（Gen Entitled）。我們必須自問：社交生活或社會地位是否能取代社會連結？我們是否正在失去公民責任、分享和關懷的精神？這些都是培養正向人格和領導能力的關鍵。誰能夠讓這個世界變得更美好？父母的角色難道不是幫助子女發展正向人格嗎？的確是，而且你做得到！

處方

為社群與貢獻創造有利環境

創造一個以信任、尊重、責任、同理、正直和謙遜等價值觀為基礎的社群，讓孩子可以在其中成長。你的社群成員應該要能夠在你需要時提供幫助。這些人可以全部是你的家人或沒有一個是你的家人，視你的狀況而定。可以包含心靈導師、老朋友、同事或是孩子朋友的父母。每一個社群成員可能在你的人生中扮演不同角色。我可以不厭其煩的告訴你，我不知道見過多少祖父母、阿姨、朋友或老師、教練在親子關係觸礁時成為青少年生命中的關鍵人物。的確，有時候人生最大的學習並非來自於父母，而是一個慈愛又備受敬重的成年人（或兄弟姊妹）。

一個社群的基礎不在於人數多寡，而是人際關係的品質。高品質的關係就是你生病時會去醫院探望你的人。你可能在臉書上有幾百個「好友」，但多少個會在你需要時出現？一個社群成員是會滋養你而你也會滋養他的人。在一個社群裡生活不是要「為他人而活」，這是單向的關係，而是應該要有來有往。

許多由老虎養大的孩子沒空與他人建立連結，包括祖父母、叔叔、阿姨、表親或朋友這些社群裡應該要有的成員。我聽過不少阿嬤說：「我都見不到孫子，因為他總是很忙。」如果你刻意決定不要讓孩子接近某個人，因為你不希望孩子受對方影響，這是你身為家長的選擇。但如果孩子只是因為太忙而被剝奪了在社群裡發展和參與的機會，那麼你必須想想為什麼會忙成這樣。被趕著從學校去練體育、去上音樂課的孩子或許會看到其他人並與他們互動和競爭，但卻少有時間發展有意義的社會連結。因此，為你和你的孩子空出時間和社群相處是有必要的。你還可以得到額外好處：生活在社群裡的一大優勢是你經常可以少做很多父母的工作。

處方

為社群與貢獻以身作則

你可以當社群與貢獻最好的榜樣。如果你展現對社群與貢獻的重視並發揮真正的領導能力，大家會注意到並記得，特別是你的孩子。如果你希望孩子重視有意義的社會連結、社群聯繫以及更遠大的人生目標，你必須盡力以身作則。

如果我們重視高品質關係，我們的孩子會將這件事內化，在往後的人生中更容易去建立這樣的關係。如果我們希望孩子擁有深刻的友誼，我們自己要有深刻的友誼；如果我們希望孩子遠離損友，我們自己要遠離損友；如果我們希望孩子身邊圍繞著一群真誠又能滋養他們的人，那麼我們自己身邊也要有一群這樣的人。我們所做的事會影響我們成為什麼樣的人，近朱者赤，近墨者黑也是同樣道理。

因此不難瞭解，跟正面的人在一起我們也會變得正面。這類型的影響不只來自於嘴裡說出來的話，還有這些話是怎麼說的以及當下整個空間的能量。人類心臟的電磁場在身體幾呎之外就可以測得和被人感覺到。所以這個能量系統在人與人之間傳遞身體、情緒和人際訊息方面扮演著重要角色。有些人的電磁場既穩定又有組織，他們靠近心神較混亂的人時，可以讓對方冷靜下來和產生動力。而且穩定的電磁場能帶來穩定的心律，幫助大腦發想創意和解決問題！這聽起來有點像是《星際大戰》絕地武士的「原力」，但確實是科學沒錯！

處方

教導價值觀與正向人格

我最近參加了一場晚宴，大家聊起一般父母會擔心到睡不著的話題，像是課業、活動、宵禁，以及兒女未來獨立之後要怎麼養活自己。有人說了一個年輕人的故事，他靠販賣相當過時的科技產品給老人家賺了一筆小錢。令我意外的是，席間幾個父母很讚賞這名年輕人的商業頭腦，說他「太有才了。」我並不同意。「我認為這樣很不道德，」我說。另一名家長接著發言：「世界上有兩種人，」他表示：「壓榨別人的人和被壓榨的人。你希望你的孩子成為哪一種？」

這個問題讓我很驚訝，我從來不覺得世界上的人是這樣分類的。但這名男子堅持要我給個答案，於是我便試著回答。那一瞬間我的腦中浮現出孩子的臉龐變得像我那些「成功」賺大錢的患者一樣：悲慘，追尋著不明獎賞，沒有真正的朋友，試圖麻痺自己的想法和感受，甚至無法看著自己的眼睛。所以我說：「不。壓榨別人或被壓榨不是唯一的選項。做不道德的事對任何人都沒有好處。事實上，壓榨別人根本不是真正的成功。」

當然了，這段話是我基於個人經驗所說的，所以我回到家之後馬上決定要來證明成功同時也可以保有快樂（不被壓榨）和道德（不壓榨別人）。對我來說，這才是二十一世紀的成功定義：透過真正領導者的道德品格成為健康、快樂和成功的人。這些特質能讓世界變得更好，或至少絕對不會讓它變更差。

我發現了豐富的資訊、研究和個案可以支援我的結論。事實上，有大量證據顯示，良好的道德品格不僅對人生很重要，也是真正領導能力與二十一世紀成功的必備條件。在這個高度連結的社會世界裡，沒有強大的道德指南針便無法擁有長久的成功，這包括正直、責任以及為他人著想的價值觀。我沒興趣把孩子養成會去壓榨別人或被壓榨的人。

雖然很多父母也是這樣想的，但他們的行動可能背道而馳，因為我們真的太忙或注意力被分散。不知為何，道德品格（和快樂）被視為理所當然。父母會說：「當然，我的孩子不管做什麼事都必須要有道德」或「正是如此，如果我的孩子沒有價值觀，那是我為人父母最大的失敗。」在很多情況下，這就像是說「健康真的很重要」然後邊吃不健康的食物和過著失衡的生活。你有沒有想過為什麼我們成年人（父母、師長、教練和家教）要花這麼多時間教孩子如何演奏樂器、在運動比賽中競爭、做家庭作業而不去教他們社會價值和道德的重要性？如果你的孩子把自尊心建立在得第一名之上，那麼得不到第一名就會讓她失去自尊；如果你的孩子把自尊心建立在成為頂尖運動員之上也一樣無法持久。但價值觀是不會消失的。有些家長可能會說，學習演奏樂器、在運動比賽中競爭或是做家庭作業的過程已經可以教導孩子社會價值和道德。這些活動會讓他們理解紀律和努力的重要性，但不包括以下這些價值：尊重不同或對你沒有好處的人；在沒有人看到和不算數的時候依然選擇做對的事；以及對社群和周遭世界負責任。

價值觀實際上是最有效的教養工具之一。價值觀為我們的人生創造意義，形塑未來願景，帶來更大的幸福感。強大的價值觀可以連結到各種與成功相關的結果，而且光是想到價值觀就能紓解壓力！一想到價值觀，我們就會思索人生的意義以及我們的行為跟真正重要的事是否相合或不一致。這種思考讓我們面對外界時從較低等的大腦「無心」反應移動到較高等的大腦「有心」互動。想想看UCLA在二〇〇五年針對壓力進行的研究結果。幾組受試者在實驗室中接受壓力任務。在進行測試之前，其中一組被要求反思個人價值觀以及對他們有意義的事，其他組則無。結果前者體內釋放出較少皮質醇（壓力荷爾蒙）等壓力指標。

我在自己的診間就見識過價值肯定所帶來的正面影響。傑登在學校遇到霸凌問題。他不是被霸凌的目標，但跟他住在同一條街的鄰居拉維是。傑登和拉維不是感情最好的朋友，因為他們擁有不同的興趣。傑登是個熱愛社會體育的孩子，拉維則埋首於他的器具和書本，但傑登喜歡拉維。每次拉維被欺負，傑登都會難過到蹺掉體育課，因為他不想目睹這個狀況。傑登想過要為拉維挺身而出，但害怕成為下一個目標。在某一次的療程中，我看得出來傑登變得壓力很大，進退兩難，因此我們先把霸凌相關議題擺在一邊。我拿出一張白紙，請他說說自己的價值觀，他回答「朋友與和平」。由於他只有十二歲，我幫他列出常見的價值觀，像是責任、公平、同理和勇氣，並請他依據重要性評分一到十。每一項他都給了很高的分數，不是八、九就是十。接著我要他針對「實踐這些價值觀的程度」再評一次分，結果他將「責任」評為四分，「勇氣」評為兩分。傑登知道為什麼這兩項分數這麼低，而我也是。他馬上豁然開朗，決定去跟校長講霸凌這件事。

利用剪貼簿找到人生重要價值

我不是那種井然有序到能夠做剪貼簿的家長。我總是很羨慕我認識的許多媽媽，她們很會幫孩子做漂漂亮亮、五顏六色又充滿藝術感的剪貼簿。我問過一個朋友為什麼要花這麼多心力做剪貼簿。這件事很耗費時間，她真正的動機是什麼？她說：「我想要把特別的時刻記錄下來。」「但你為什麼想要把特別的時刻記錄下來？」她回答：「我希望孩子知道人生哪些事情很重要。」啊！我懂了，她也是。我們很有默契的看著彼此，心想「這真是個好主意。」她後來把剪貼簿的標題從「迪士尼樂園」和「生日派對」改成「信任」、「公平」、「責任」、「公民精神」、「尊重」和「關懷」。

我們家沒有剪貼簿，所以我跟孩子一起製作「象徵性的剪貼簿」。我們不時增加「新頁」，通常是一段短短的對話，有關全家人所重視的價值。例如，我兒子回到家說：「媽，我今天踢足球得了三分。」我回答：「真棒！你的隊友做了什麼讓你知道他們信任你？你如何公平的以同樣方式對待他們？」簡短聊過之後，我請兒子形容一個影像（或畫一張圖）來呈現信任和公平的樣貌，然後把這個影像加入我們的「剪貼簿」。

我們的剪貼簿裡還有一個部分是「更好的世界」。舉例來說，我的五歲兒子問我為什麼他必須去上幼稚園，我請他想想看原因是什麼。他給了我一連串的回答：「為了學東西和變聰明、為了交朋友、為了在將來找到工作……」聽完之後我說：「對，然後呢？」最後他說：「為了讓世界變得更好。」「沒錯，親愛的孩子，」我回應：「你要去幼稚園才能變得聰明、快樂，長大成為領導者，有一天就可能讓世界變得更好，但首先我們要去廁所，今天才不會有意外發生！」

製作感恩日誌

「感恩日誌」這個很棒的工具能引導你的孩子重視社群與貢獻，同時增進健康和快樂。我要求幾個患者使用這種日誌，就連留校察看、看似難搞的叛逆青少年也不例外，結果效果顯著。

感恩日誌的使用者必須每天記錄值得感恩的事，通常包含對社群與貢獻的想法。這種日誌對神經可塑性的發展可以產生很大的影響，帶我們邁向快樂。它讓使用者密切注意生活中的正面事物，這或許就是為什麼它這麼有效。無數研究證明感恩具有益處，像是增進幸福感、個人成長、社交關係、睡眠品質、應對技能以及減輕憂鬱和壓力。《時代》雜誌針對感恩這個主題進行過全面性的探討，結論是「形容自己覺得感恩的人比一般大眾更容易擁有較多的活力和較樂觀的態度，壓力較小，也比較不會臨床憂鬱症發作。」不意外的，研究顯示使用感恩日誌的人對自己的人生感覺較好，也比較沒有疾病症狀。

第八章
海豚教養工具箱

虎鯨寶寶出生時，媽媽不會把牠舉到水面吸重要的第一口氣，而是輕輕的把牠推往水面，同時示範游泳動作，立即鼓勵獨立。雖然虎鯨媽媽藉此告訴新生兒要自立，但牠仍會跟鮮少離開牠身邊的幼子保持緊密聯繫。

虎鯨也會把寶寶帶到靠近海灘的地方，甚至讓牠們擱淺並「自己想辦法」回到開放水域，但整個過程中都會在一旁引導並支持。在阿拉斯加海岸有人觀察到虎鯨媽媽教導孩子如何捕魚：母親先追著魚，保持在近距離內，然後讓幼子自行捕食獵物。

虎鯨和其他海豚的幼子和母親關係緊密但很獨立。小海豚學習所有技能時，父母都會在旁邊觀看並保護牠們的安全，這些技能將幫助牠們成長為群體中的有效成員。沒有任何一隻三十歲的海豚會回去住在小時候的房間，吃老媽叫的披薩，什麼事都不想做。

輕推、以身作則、支持、引導、鼓勵自力更生和獨立都是父母可以用來幫助孩子發展自我動機的強大工具，帶領他們邁向健康、快樂與成功。事實上，研究顯示父母若陪伴子女走過青春歲月並在過程中持續給予幫助但慢慢放手，這些孩子通常在人生中表現較好。海豚父母就是這樣做的，而人類父母也應該跟上腳步，不過當然了，說比做容易。但如果海豚做得到，我們也可以！

情感連結、以身作則與引導方向

海豚父母主要的教養工具是「情感連結」、「以身作則」與「引導方向」。每個父母都愛他們的孩子，但不一定會跟孩子產生情感連結。**產生情感連結的意思是真正瞭解孩子是怎麼樣的人，而不是把他當作你想要他變成的那個人。**不管孩子是什麼樣子你都能把她當做一個個體來接納她、愛她並與她建立連結。

以身作則跟你的內在本質和外在行為有關。兩者出現歧異時，孩子是會知道的，所以用不著灌輸他們一個你不怎麼相信的觀念，你會被視為偽君子，結果很有可能適得其反。舉例來說，我總是忘東忘西，像是手機、鑰匙、皮夾甚至整個包包！我的孩子知道這一點，所以他們掉東西時，我沒有立場說教，要求他們記得隨身物品。我只能跟他們說忘東忘西造成我生活上的壓力。我告訴他們我正在努力改進，如果他們有任何好方法可以讓我知道！以身作則就是運用自己真實的例子去教導人生課題，而這些課題在我們擅長和不擅長的事情當中都可以找得到。

父母會帶孩子認識這個世界，指出人生的起起伏伏，同時一路上仍提供資訊和支援。他們會跟孩子說：「嘿，人生就是有這種不公平的待遇。」「大家會用這些方式解決衝突。」還有「這是個值得慶祝的美好時刻。」然而，父母不會替孩子過人生，因為人生是孩子自己的。

肩並肩還是面對面？

若父母完全占據子女人生的控制中心，他們便沒有空間可以加入以及自己做決定。為了鼓勵孩子發展獨立性，父母必須適時放手，沒有其他方法。

想一想孩子在生理上的改變，從沒有行動能力變得可以行動。他們一出生時在身體上完全依賴父母，我們去哪都得抱著。很自然的，在適當的養育下，孩子逐漸可以獨立行動，但有很多年的時間在跌倒或疲累時還是需要父母抱起來。有時我們還是必須在孩子生病時幫他們擤鼻涕，但通常大部分的父母不會阻礙孩子在身體上成長和獨立。我們都會接受青春期前和青春期的孩子肢體動作不協調或笨手笨腳，將其視為理所當然，並希望他們能長到跟我們肩並肩，或甚至高過我們。我們會讓孩子占據屬於自己的實體空間，而且絕對不想去哪都得抱著成年後的子女。

海豚父母接受心智成長與獨立的原則。他們提供一個安全的環境讓孩子跌倒和笨手笨腳的去做想做的事，在孩子還小的時候抱起他們或幫他們擦屁股。鼓勵孩子及早獨立。隨著兒女年紀愈來愈大，海豚父母會引導他們自己爬起來和處理善後，不會一手掌控孩子的人生。海豚父母會逐漸從面對面的權威（例如：「我知道什麼對你最好」）變成肩並肩的引導（例如：「你知道什麼對你最好，但你需要幫忙時我一定會在」）。他們藉此盡量跟孩子站在一起，各自獨立但又保持連結。海豚父母樂於看見孩子發展出自己的想法和才能，有時甚至要忍受與自己不同的意見！若父母鼓勵獨立，孩子比較能自力更生、解決問題和增進情緒健康。

海豚教養法的第一步是向孩子（以及你自己）承認他們終究必須掌控自己的身體、心靈和人生並負起責任。同時很重要的一點是要表明你會在他們需要你的時候隨時引導和支持他們。

海豚教養法可以分成兩個過程。第一個本身就非常有效，也就是擺脫老虎行為，讓它無法阻礙父母達成目標；第二個是加進特定的海豚行為，提升內在控制、自我動機並邁向獨立。

處方

擺脫獨裁老虎

老虎不會讓孩子發展出內在控制點，因此抑制了自我動機和ＣＱ。記住，別再過度做以下這些事：

- 壓迫——「你爸爸和我希望你不管怎樣都要繼續彈鋼琴。」
- 命令／指導——「你應該在六年級上這些課程。」
- 緊迫盯人——「你的家庭作業有一個字拼錯了！你有告訴教練你想上場久一點嗎？在你上大學之前你需要什麼我都會幫你。」
- 拯救或解決所有問題——「你跟你最好的朋友鬧彆扭，所以我跟她媽媽談過，把事情解決了。」
- 幫孩子做他們可以自己做到的事——「我幫你把分組作業印出來了。」
- 對短期表現施加壓力——「贏得小學舞蹈表演的機會非常重要。」
- 沒有徵詢孩子意見就幫他們設定目標——「我們邀請雀兒喜來家裡，這樣你們兩個就可以成為朋友。」

請注意，我說的是別過度做以上這些事，而不是別做。我們不該掉入「全有或全無」的思考陷阱。海豚教養法不是完全不可以緊迫盯人或命令。特別是在小時候，我們當然必須在某些事情上命令孩子或緊迫盯人，像是吃青菜水果、洗手、寫數學作業和閱讀。請記住，海豚絕對不是縱容型的水母父母，全無規則和引導。海豚父母是平衡的，他們會制定規則，對孩子有最高的期望，但也鼓勵內在控制和獨立。他們維持權威但不會獨裁。一旦擺脫了老虎，我們便可以加進一些海豚行為，提升自我動機。

處方

運用話語和行為來培養內在控制

我的五歲兒子抱怨為什麼要去上幼稚園時，我很為難的告訴他：「我可以強迫你現在去上學，但我不能強迫你到了那邊乖乖聽話，也不能強迫你學習或玩得開心。只有你自己可以做到這些事。」不過，這些話語從我嘴巴說出來之後，我發現他的焦慮程度降低，也不再對我發脾氣。我可以看見他的臉上浮現出不確定又自信的神情，因為他瞭解到他的教育責任不是在我而是在自己的肩膀上。

個人控制的重要性再怎麼強調都不嫌多，尤其是對青少年而言。不管我們多不情願承認這個事實，還是沒有人喜歡被指使，就算父母用意再良好、再聰明、再慈愛也一樣。任何人若感覺到自己的個人自由被控制或威脅，一定都會反抗。人類生來便深切渴望透過選擇來擁有人生自主權，這一點所有人都感覺得到，包括我們的孩子。

不過，我不是在鼓吹你跟孩子說：「人生是你自己的，你想幹嘛就幹嘛」，也不是要你讓孩子去犯各種足以摧毀人生的錯誤，而是建議你應該逐漸和孩子肩並肩，讓他們發展自主性，同時認知到你是一個榜樣和嚮導，而不是他們人生的控制者。

海豚父母可能會跟小小孩說：「雖然我現在可以強迫你去上學，但我不能強迫你一輩子。最後還是得由你自己來決定」；「我希望你試著好好彈鋼琴，但我不能逼你喜歡做這件事」；「就算我認為誠實很重要，你還是得自己決定是不是真的是如此」或「我現在或許可以強迫你寫家庭作業，但我不能強迫你去理解為什麼這件事很重要，你必須自己體會。」

至於大一點的孩子，海豚父母可能會說：「我不能控制你的想法或感受，你自己決定要做出什麼反應」；「我現在只能引導你去做對的事，但將來要怎麼做，全看你自己」；「每個人都希望自己可以做決定，你也不例外」；或「我不能控制你的腦袋如何運作，最後還是要看你想要多努力。」

不過，我們必須釐清一件事：你放手之後會產生一些後果。當你說你只能給建議並讓孩子自己去做決定時，你必須準備好接受他們的決定；是的，這代表有時候你必須眼睜睜看著他們犯錯，這是任何父母最難以忍受的事。但你只要記得他們跌倒時你會在一旁伸出援手，就能坦然面對。

處方

徵得同意再給建議

許多孩子和幾乎所有青少年都不喜歡聽人家建議，就算是「為了你好」！在給建議之前先問問孩子想不想聽你的意見，相信我，這麼做會順利很多。我丈夫在教小朋友踢足球，他說教練的首要任務是坐下來在一旁觀察每個人的天賦。他讀了我寫的某一篇有關動機的論文之後，開始詢問每一名球員（和家長）是否想要知道他觀察到了什麼，哪些技巧做得好、哪些技巧沒做好。光是徵得同意再給建議這件事就讓他跟球員還有他們的家人建立起同盟關係，從面對面變成肩並肩。這項簡單的舉動神奇的讓他與球員產生個人連結，他發現每個人都變得更加願意聽從忠告和建議。

十三歲的安東尼跟幾個朋友處得不好。他們會找他麻煩，拿他開玩笑。他媽媽愈告訴他要「為自己挺身而出」，他愈幫那些朋友說話。安東尼的母親很相信他，並告訴他「值得被更好的對待。」不過這麼做似乎只把安東尼推得愈來愈遠。有一天，安東尼的朋友們在臉書上貼出一張他不怎麼好看的青春痘照。這次他媽媽一句話也沒說。她注意到安東尼非常難過，便說：「安東尼，親愛的，想不想知道如果我是你，我會怎麼做？」這個問題開啟了一道門，讓安東尼不再那麼防備，最後也徵詢了媽媽的意見。

一旦徵得了同意，你要怎麼進行一場成果豐碩的對話？試著問開放式問題並調整說與聽的比率。

處方

問開放式問題

開放式問題幫助你表達同理心和避免爭執。它們也讓你深入發掘孩子和青少年到底發生了什麼事。舉例來說，我問了兒子一個封閉式問題：「你為什麼蹺掉足球練習？」他回答：「我不想去。」沒有透露什麼資訊。接著我又追問了一個開放式問題：「你今天發生了什麼事？」兒子說：「喬伊莫名其妙在我的背上打了一拳，放學後我又覺得好累，所以不想去練習。」我的情緒馬上從不滿和差點起爭執轉為同理和擔憂。開放式問題也能培養孩子的獨立性，讓他們決定對話的走向。當你在幫孩子解決家庭作業的問題時，可以問：「你覺得這個問題怎麼樣？」而非「答案是什麼？」或是開放式的問：「如果你用不同方法試試看會怎麼樣？」而非「試試看這個方法吧？」藉此鼓勵獨立思考和問題解決。

凱姆發現她每一次試著跟女兒露比講話，女兒都會關上心門，看著地板，嘟囔著說：「我不知道。」我指導凱姆用不同的方法去做。我要她在開啟話題之前先徵得同意：「嘿，露比，現在可以聊聊嗎？」她可以這樣問女兒。接下來試著問開放式問題，例如：「你在想什麼？」「學校過得怎麼樣？」或「跟朋友之間有什麼新鮮事嗎？」這些問題讓露比有機會把話題引導至她覺得重要的事情上。凱姆盡量忍住不要去糾正露比或替她解決問題。

我要凱姆在很想告訴女兒「你應該這麼做」或甚至「你要怎麼處理？」的時候練習這麼說：「噢，真有趣，再多告訴我一點」透過開放式問題，凱姆可以向露比證明她不是每次都心存目的，也不希望利用對話來「抓住」她的小辮子或「矯正」什麼問題。凱姆的問題顯示出她只是真心想瞭解露比的生活。它們也提供空間讓露比自己解決問題並且變得更獨立。要凱姆看著女兒在某些問題上掙扎實在是不容易，在她做出沒有道理或適得其反的決定時，凱姆更是痛苦萬分。不過，除非某個決定會對露比造成不可磨滅的傷害，不然凱姆已經學會克制自己，別去介入女兒在成長過程中自然會去經歷的窘態。凱姆知道在必要時刻伸出援手就好，所以感到很放心。我告訴她，趁十五歲住在家裡時經歷窘態總比二十四歲一個人在外生活時經歷好。

處方

調整說與聽比率

父母經常跟孩子說：「我們來聊聊」，結果八成都是父母在說話，好好的聊天變成說教。說話者的大腦神經元比聽話者更容易因想法產生連結。我們要翻轉80：20的親子說話比率，至少盡量做到70：30，給孩子百分之七十的時間說，我們傾聽，把自己的發言時間限縮在百分之三十。也就是說，你不用長篇大論的說喝酒帶來的問題，而是問孩子她會怎麼跟弟弟妹妹、朋友或鄰居解釋喝酒會帶來什麼問題；不要一直強調家庭作業有多重要，而是請孩子告訴你為什麼家庭作業對他來說可能很重要。這個技巧能讓你的孩子說出你最想說的話！

楚蒂發現她跟十二歲兒子麥斯的交談往往很快演變為大吼大叫的爭執。她決定調整說聽比率，克制自己不要打斷麥斯和急著說話。光是少說幾句就讓她發現麥斯實際上會自己講到無話可說！舉例而言，有一天晚上麥斯說他不想寫家庭作業。楚蒂沒有搬出70：30說教法，告訴他家庭作業有多重要，而是問：「怎麼了？」麥斯解釋說他不喜歡他的老師，因為她出了太多家庭作業。如果他不做，老師又會出更多，他就會拿到很低的分數，一點也不公平。他接著表示其實家庭作業也沒有那麼難，只是浪費時間而已。媽媽沒有任何反應，只說：「你說得對，聽起來很不公平，但你有什麼其他選項？」麥斯啞口無言，頓時沒了吵架的氣勢。他拖延了一陣子之後就乖乖去寫功課了。

處方

檢視好處與壞處

討論一項行為的好處與壞處是一個很棒的開放式管道，讓孩子可以思考及陳述一件事的正反面。如果你希望討論順利進行，你就要能夠開放的討論孩子覺得你無法開放討論的議題。拿喝酒這件事做例子。你發覺你的青少年兒子能背著你在派對上喝酒。你已經對他清楚的表達你不希望他太超過。你可以出其不意的要他說說看在派對上喝酒有什麼好處。或許他認為喝酒對身體有好處，像是跳起舞來更有活力，或是對心理有益處，像是跟女生相處時比較不會不自在。接著問他在派對上喝酒有什麼壞處，而你會很驚訝他有多少意見可以說。這類型的討論是真正瞭解孩子內心想法的第一步；瞭解了之後我們才能有效的引導他們。

處方

為好處與壞處評分

檢視了一項行為的好處與壞處之後，請孩子為每個好處與壞處評分一（最不重要）到十（最重要）。假設你的孩子無法在上臉書的時間和運動之間找到平衡。上臉書的好處之一是跟朋友保持聯繫，你的孩子可能會打十分。壞處之一則是花太多時間上臉書會讓爸媽生氣，孩子可能評為七分。不過，更糟的壞處或許是「我會陷入複雜的人際關係，常常寄出讓我後悔的訊息」，這一項應該是十分，還有「我會心情低落，吃太多東西，然後覺得很噁心。」在十分的部分，你會發現孩子的自我動機朝向正面改變。如果你知道動機在哪裡，就可以幫助孩子解決問題，找到其他方式跟朋友保持聯繫又能避免這些壞處，然後空出更多時間做運動！

處方

運用話語和行為來強調對孩子的承諾與支持

海豚父母雖然強調個人自主發展，但他們會向孩子表明給予無條件、無限期的支持和引導。海豚父母的孩子知道自己是爸媽的優先選項，需要時他們一定會「在身邊」。海豚父母會說：「我會一直陪在你身邊」；「你需要我的時候，我會在」；「不管發生什麼事，我都愛你」；還有「你隨時都可以問我建議或找我幫忙。」海豚父母會實現諾言，在孩子需要的時刻提供支援與鼓勵。這麼做也可以強化情感連結，示範什麼叫做充滿愛與支持的關係。雖然這些話語和行為對父母來說可能很自然，但並非不證自明。我曾聽過許多老虎父母對孩子表達有條件的愛，例如：「你去了音樂學院拉小提琴之後，媽咪就會找時間陪你。」

引起動機的重點在於重要性與信心

以上說的這些都很好，但要怎麼讓抱怨連連的孩子準時去上學或完成家庭作業呢？重要性與信心是促進行動的強效激勵因數。若一項任務具有重要性，我們會瞭解「對我有什麼好處」或不得不去做的原因是什麼；若一個人有信心，她會相信自己能完成這項任務。一旦任務滿足這兩個條件，孩子（或任何人）就會願意行動。

說明（或找出）任務的重要性

知道任務的重要性顯然能幫助我們建立動機。在一項哈佛研究中，受試兒童分為兩組，被要求拼出樂高人物。其中一組拼好的樂高人物會被存放在桌子底下，另一組的樂高人物則會在他們面前被拆掉。眼睜睜看著作品馬上被摧毀而因此覺得「沒意義」的受試兒童平均少拼五個樂高人物，雖然他們繼續拼還是會拿到錢（不過每多拼一個能拿到的錢會逐漸減少，例如第一個是三塊錢，第二個是二點七塊錢，以此類推。）以我看來，這個實驗可以得出兩個結論：一、光是金錢並不足以激勵孩子去做「拼樂高人物」這種中立的事；二、沒有意義或重要性的任務很快就會讓動機出軌（a derailment of motivation）。

在各個文化中，說明規則是平衡教養模式的共同特點。證據顯示，光是說明規則背後的原因就能讓孩子變得更「具同理心、願意助人、認真負責與待人和善。」

不管是數學、鋼琴還是家庭作業，孩子都不會情願被逼著做某件事。他們必須知道自己為什麼要做這件事（你自己也一樣！）你覺得一項任務很重要，不代表孩子也這麼認為。孩子不懂為什麼青菜水果對他們「有好處」但棉花糖就沒有。他們毫無理由相信家庭作業很重要，除非有人解釋這些任務背後的課題給他們聽，就算只是很簡單的說明「練習能夠讓你把一件事情做得更好，所以你現在就是在練習數學」也可以。尋找並指出任務的原因對你的孩子來說很重要。若是較年幼的孩子，你可以將短期的重要性和長期的重要性連結在一起，因為他們可能難以充分理解什麼叫做長期後果。記得找出對他們而非你自己重要的事。舉例來說，我兒子不懂為什麼在學校要上法文課並且強烈反彈（法文是加拿大課程的一部分）。我告訴他所有我想得到的理由，像是「法文是很棒的語言」，「對你的腦部發展有好處」，「搞不好以後對找工作有幫助」，他沒有不同意，但也沒有變得比較願意練習法文。有一次我跟他說，懂法文可以幫助他學西班牙文，他突然就對法文產生了更多興趣和學習動機。你看，我兒子（他才八歲）夢想著有一天能加入巴塞隆納足球俱樂部（跟梅西一樣），所以他連學西班牙文都很起勁！

瞭解孩子的自信心水準

一談起動機就不能不提到信心，但是我們卻很少關注。舉例來說，許多醫生會花很多時間告訴病患吸菸會導致肺癌和肺氣腫，但現在有多少癮君子不知道這個事實？在這個例子中，重點不在於重要性，而是自信心。如果能「向星星許願」，大部分的成年人可能都會將戒菸的重要程度評得很高，但自己的信心程度評得很低。我們醫生真的應該做的是去討論如何改善信心而非強調重要性。

以我的經驗來看，如果一個人對於一般被視為正面的事情感到動機不足，像是戒菸、上學、運動、與他人更融洽的相處等等，問題都在於自信心而非重要性。舉例而言，大部分的高中生都知道高中文憑很重要，任何工作都會用到，包括星巴克的咖啡師（現在甚至都要求要有學位了）。不過，不是每個高中生都有信心拿到文憑，特別是對患有學習障礙或注意力不足過動症的孩子，他們在學業上會遇到更多困難。孩子經常面對無止盡的說教，告訴他們學業有多重要，但大部分的孩子都已經知道這一點，問題就在於自信心。

讓重要性與自信心結合

重要性和自信心量表可以幫助你瞭解孩子認為一項任務有多重要，以及承擔這項任務的信心水準。假設你的孩子對某項任務表現出抗拒或猶豫不決的樣子，例如：從高中畢業。你可以考慮問下面兩個問題：

・問題一（有關重要性）：評分一到十，十為非常重要，你認為從高中畢業對你來說有多重要？

・問題二（有關自信心）：用相同方法評分，你有多少信心可以從高中畢業？

藉由這種評估任務重要性與信心的方法，真正讓孩子裹足不前的問題會浮現出來。這時候你就可以對症下藥。

假設你的孩子缺乏動機準備考試。你可能會問：「評分一到十，十為非常重要，你認為這個考試對你來說有多重要？」如果他回答：「我覺得它跟我的人生一點關聯也沒有，但我想要跟所有朋友一起畢業，所以應該是八分吧。」接下來你可能會問：「好，用相同方法評分，你有多少信心可以拿到你想要的分數？」他或許會說：「三分。我的老師很不公平；不管我再怎麼努力，就是考不好。」顯然這裡的問題是孩子的信心，這表示你再怎麼長篇大論考試有多重要都無法提升他的自我動機。所以你要做的應該是和孩子一起解決有關老師的議題，重建他的信心。

處方

運用海豚關鍵引發動機

重要性和自信心都是引發動機不可或缺的要素，但我們要如何激勵孩子去做日常生活瑣事，又不讓自己被逼瘋？當然了，溝通是必要的，但不是隨隨便便溝通就好。孩子對我們的語調、站姿、表情和其他非語言線索都非常敏感。所以我們說話的內容和方式很重要。我開發出一個四步驟的「海豚關鍵」做為有效的激勵溝通法，過去十幾年來我一直使用它。這個方法第一次可能不管用，你或許需要一些練習才能做對，但它累積的效果能幫助你激勵孩子。

這四個海豚關鍵步驟是激勵溝通的要素。它們具有補充作用，但不會介入孩子的自我動機發展。這四個步驟取自動機式晤談（motivational interviewing）的四大基本原則，這個由新墨西哥大學的比爾・米勒（Bill Miller）和卡地夫大學的史蒂夫・羅爾尼克（Steve Rollnick）教授發展出來的療法經證明能提升動機。如果你依循這四個步驟，所有溝通（包括後來的附加工具）都會變得更有效和容易。

步驟一：殺死老虎。如果老虎在你心中咆哮，先做幾個適當的深呼吸，確定自己冷靜下來之後再繼續。

步驟二：發揮同理心。表達出你瞭解你的孩子並跟他站在同一邊。

步驟三：認清孩子的目標。站在孩子的立場，認清他的目標（而非把重心擺在你自己的目標。）

步驟四：支持成功。表達出你相信孩子有能力執行任務。

步驟一：殺死老虎

讓生氣得大吼大叫的老虎跑出來是行不通的。行為科學告訴我們爭執只會帶來反效果，特別是當你的目標為說服某人改變某種行為。事實上，研究顯示爭執的過程容易讓一個人更加固守自己的信念。我每一次都會在我的工作坊裡示範這一點。我請大家分成兩兩一組，其中一人試著說服另一個人大海是藍的或綠的。不意外的，經過了約三分鐘之後，每個人只會更加堅持自己的立場。

孩子抗拒時，表示我們應該改變策略。我們都知道你愈逼迫孩子（或任何人），他們抗拒得愈厲害，而且往往（外在或內心）變得更叛逆。青少年尤其是如此。

所以如果你發現自己跟孩子吵得不可開交，孩子很堅持自己的立場，而你不希望情況變得更僵，例如：「大麻沒有那麼糟」，那就停下來，做做別的事，之後再回來心平氣和的討論這個議題。我知道在腎上腺素暴衝時不太可能做到，但這就是為什麼你必須離開這個情境，做幾次深呼吸，冷靜下來然後找回重心。一旦沒有了老虎的阻礙，你便能打造一個平衡和引導的環境。

步驟二：發揮同理心

同理心長久以來一直都是人類建立情感和引發動機的有力工具。同理心和同情心不同。同理心是「感同身受」的能力，真正理解他人的心境，體會別人的經驗。至於同情心則是為他人處境表達哀傷的能力，看到別人的經驗。

同理心不容小覷。它具有極大影響力，卻往往被忽略或漠視。同理心是任何關係的基礎，在事情變調時特別重要。我在過去十幾年協助兒童與青少年的過程中親眼見識到發揮同理心經常是唯一可以改善情況的方法。每個人都希望心聲被聽見，每個人都相信自己的意見和想法有價值，每個人都想要被理解，還有更重要的是，每個人都渴望無條件的被愛和被接納。

孩子不希望自己是因為良好行為或順應外在期望才被愛和被接納。因此，在事情進展得不順利或關係受挫時更要展現同理心。這不代表你要去認同一個有問題的行為，但你必須花心思理解其背後的感受以及可能的原因。同理心能顯示出你接納孩子的本質，包括他所有的缺點。舉例而言，父母可以完全反對孩子吸大麻，但仍「接納」孩子。

對孩子表達同理心能與他建立同盟。有了這種同盟關係，你的孩子比較可能在未來（以及現在）向你求援。最重要的是，接納能促進改變。孩子只有在感受到自己的本質被接納時才更有可能改變。否則會一心想要證明自己的本質值得被接納而被困在原地。一個吸大麻的年輕人如果感覺到他只有戒毒才能得到愛與接納，那麼他會憤恨不平而不願意改變。

同理心也能提升孩子的自尊心，尤其是因為她很有可能在困境中感到孤獨或自責。既然我們都是過來人，不如讓孩子知道你也犯過錯或在年幼時有過同樣感受，這將大大有助於你表達同理心。同理的話語包括：

「幫助我瞭解你在想什麼／有什麼感受。」

「我看得出來你現在不想寫家庭作業。」

「我看得出來你很難過。」

「我可以理解這對你來說很困難。」

「我也希望你可以玩耍。」

「我不想掃興，可是……」

步驟三：認清孩子的目標

人做事都是有原因的，每個行為的動機都出自於個人價值觀與目標。孩子也是如此。當然，有時我們必須藉由威脅和獎賞等外在控制來影響行為，我自己在教養過程中也不時使用這些手段（例如：我在寫這一頁的時候告訴兒子要是他再不清理飼養箱，我就要把他的壁虎還給店家）。不過最後導致的行為可能維持不了多久，所以父母還是愈快開始鼓勵內在控制愈好。

孩子要內化動機就必須將行為和自己的目標做連結。試著幫助孩子瞭解他現在的行為可能對他的個人目標產生正面還是負面影響。當他做出偏差行為時，指出這種行為和他設定目標之間的差異。你可以暗示他背道而馳的行為可能阻礙他達成預期目標。

如果孩子的行為和目標之間的連結不是很明確，由孩子自己找到連結遠比父母來得有效。不過，父母當然可以引導孩子做這件事。看一看下面兩種情境。藉由展現同理心以及認清行為和目標之間的連結，父母可以引導孩子自己解決問題並說出真心話。

情境一

家長：「如果你一直要我給你這塊蛋糕，你覺得會發生什麼事？」（冷靜並同理）

孩子：「我不知道。你會把蛋糕給我？」

家長：「不會，其實呢，如果你沒禮貌又強迫我，我就不想給你。你覺得該怎麼做才能幫助你得到你想要的東西？」

孩子：「我可以好好問。」

家長：「對，還有呢？」

孩子：「我可以有耐心，等你先把事情做完。」

情境二

家長：「如果你一直不寫作業，你覺得這對你打籃球有什麼影響？」（冷靜並同理）

孩子：「討厭的老師會跑去跟教練講，害我坐冷板凳。你說過如果我成績退步就不再帶我去籃球營，我的練習會不夠，選不上明年的籃球隊。」

家長：「所以你覺得寫家庭作業，會讓你離明年的籃球隊目標更近還是更遠？」

孩子：「更近吧。」

在以上兩個情境中，父母可能很想對孩子說：「好好問！」或「如果你再不乖乖寫家庭作業，就會上不了籃球隊！」但這樣比孩子自己得出相同結論並說出口的效果差。記住，說話者會比聽話者產生更多神經元突觸。

步驟四：支持成功

人在相信某件事很重要並且覺得自己做得到的時候就會願意改變。父母只要支持和鼓勵改變的信念就能支持和鼓勵「改變」發生。孩子常常覺得自己達不到父母的期許，所以父母對孩子真正的能力若抱持希望和樂觀態度就能幫助孩子產生更多信心。步上正軌的家長會說：「我知道你有能力理解這件事」、「我很確定你會找到解決方法」還有「我知道你會做出正確決定」。這樣的話語把責任放在孩子肩上，就像擱淺的海豚一樣，孩子必須自己想辦法「回到開放水域」。你在主動試著引發孩子的自我動機時，記得要讓他們相信自己有能力獨當一面。

如何在個別情況中應用「海豚關鍵」？

以下是幾個在不同情況中應用海豚關鍵的例子。我假設你已經完成了步驟一殺死老虎，所以你會注意到下面的話語沒有老虎的存在，不會對孩子大吼大叫。

孩子早上遲到

「我知道早上很難讓人打起精神【發揮同理心】，但你的目標是別再遲到【認清孩子的目標】。加油，我知道你可以動作再快一點【支持成功】。」

孩子不寫家庭作業

「我以前也很討厭做功課【發揮同理心】，但你不會想錯過空閒時間或下課時間【認清孩子的目標】。還好你只要用心就能學得很快【支持成功】。」

孩子抗拒足球練習

「噢，你今天看起來好累【發揮同理心】，但你不去練習就無法準備接下來的比賽【認清孩子的目標】。你每次一上場就會精神百倍【支持成功】。」

孩子不想練鋼琴

「你覺得又煩又累【發揮同理心】，但你如果這首曲子彈不好就無法參加獨奏會【認清孩子的目標】。我知道你可以再試一次【支持成功】。」

孩子不願意吃晚餐

「對，我知道要你吃不喜歡的食物很痛苦【發揮同理心】，但是如果你不吃，我們就不能去公園【認清孩子的目標】。你以前都有乖乖吃，所以我相信你這次也做得到

【支持成功】。」

現在我們有了這幾個處方，知道在跟孩子相處時要如何運用情感連結、肩並肩引導和以身作則，接下來我們要思考的是有哪些活動可以讓孩子去做，以獲得健康、快樂、自我動機和全面性的成功！

第四部

迎接轉變：創造健康、快樂又充滿自我動機的人生

第九章

持久不斷的自我動機

大部分的人只要看一眼諾貝爾獎得主約翰戈登爵士（Sir John Gurdon）早年的成績單就會認定這個年輕人注定一輩子跟科學無緣。十五歲時，他的生物學成績在全校二百五十名同年級學生當中排名倒數第一，但他仍表達出在大學修讀科學的強烈渴望，讓當時的生物學老師很惱火，還在成績單上寫下這段話：

> 以他目前的表現來看簡直荒謬，若他學不會簡單的生物學知識，未來不可能勝任專家的工作，不管是對他自己還是必須教導他的人而言都純粹是在浪費時間。

戈登後來去牛津大學修讀拉丁文和希臘文，這對許多人來說也不是太差的結果。然而，戈登並不滿意，他還是對科學滿懷熱忱，因此他的父母幫他找了一位教科學的家教。我們都知道一個孩子缺課之後要跟上進度有多難，更何況戈登有很多洞要補。他開始用功念書，盡力把落差補回來。

戈登最後證明他的科學沒那麼差。他拿到動物學博士學位之後在細胞生物學領域屢創革新。他在一九七一年獲選為英國皇家學會院士，並在一九九五年被授予爵位。二〇〇四年，惠康基金會／英國細胞生物學暨癌症研究中心（Wellcome Trust/Cancer Research UK Institute for Cell Biology and Cancer）更名為戈登研究所（Gurdon Institute）向他致敬。戈登在二〇一二年因突破性的研究證明成熟細胞可轉化為幹細胞而獲得諾貝爾生理學和醫學獎。他把當初生物學老師給他的成績單裱框起來。

幸好戈登的好奇心引發他強烈的自我動機，就連最苛刻的老虎也無法澆熄他的熱忱。他的CQ展健全，在一個原本很有可能埋沒他諾貝爾獎資質的體制中依然出類拔萃。有了自我動機，你就比較不會害怕掙扎、錯誤和失敗，也比較渴望獲得有益身心的非結構化學習、玩樂和探索。自我動機將幫助你在面對必然的困厄時保持動力，也能幫助你迎接複雜的認知和情緒挑戰，因為你可以批判思考、創意發想和溝通合作。健全的自我動機和高CQ是相輔相成的。

我們都希望孩子能堅強到足以面對生命中所有逆境，但我們是否正在協助他們發展在逆境中力爭上游的動機？沒有人會回答「不」，所以我們先來問一個不一樣的問題。它看起來很簡單，但相信我，絕對不如你想像：你想要一個乖巧聽話的孩子還是充滿自我動機的孩子？花點時間想一想再回答這個問題。

你的回答可能是你希望孩子完全照你說的去做。但難道你最終不希望她為自己負起責任，找到自己的路？沒有父母希望孩子跟自己同住到三十歲、沒有好奇心、沒有熱情、沒有興趣從事任何活動或追尋任何目標。如果你希望孩子健康、快樂、成功而且凡事靠自己，你不得不培養（但不介入）他們自然的自我動機。

相反的，你的答案可能是你想要一個積極又有想法的孩子（這也是我想要的，順帶一提）我先警告你：養出一個能夠獨立、批判思考的年輕人比聽話的老虎難多了，不過也比較令人滿足。

不管我們要什麼，孩子都需要自我動機來照料自己，像是不用別人嘮叨就會主動整理房間，或是在四十歲前搬出家裡。

什麼是「自我動機」？

自我動機是教養的至高目標。事實上，我會說它是所有人類快樂的至高目標。身為醫生，我再怎麼強調它的重要性也不為過；身為母親，我再怎麼努力灌輸它也不為過。好了，我必須努力應該給了你一點提示。幫助孩子發展自我動機很簡單，但不容易。

自我動機「是投入一項行為，因為它為個人帶來回報。」。自我動機和渴望不一樣。舉例來說，現在很多青年想要擁有金錢和地位，但他們不一定會受到內在驅動去追求這些事物。自我動機是想要某種東西想要到付諸行動。由於外在動機是基於別人的願望而非自己的，一旦外在壓力、要求、獎賞或懲罰消失，行動也會停止。

每個人的自我動機不同

我們都知道孩子沒有適當動機無法走得遠。但驅動他們的到底是什麼？讓父母和孩子頭痛的是每個人看自我動機的角度都不一樣。你的孩子可能認為他做某件事充滿動力，但你可能覺得完全不夠。假設有兩個人住在距離健身俱樂部三個街區之外。A開車去，B走路去。你覺得這兩個人從事運動的自我動機相同嗎？有些人會說：「當然不同！如果A認真想要健身就會用走的去俱樂部！」其他人可能表示：「兩個人都是去健身房啊！誰管他們怎麼去的？」這兩種意見都說得通。搞不好A和B都是懶惰蟲，去健身俱樂部只是為了跟別人聊天，根本沒在運動。搞不好A隔天要跑馬拉松，為了保留體力才開車過去。搞不好真實情況跟我們想的完全不一樣。

改變的階段

自我動機不是一個固定的人格特質，要不就是有，要不就是沒有。相反的，它會依照種的因素變動。我們不要把小孩（或我們自己）分成「有動機」或「沒動機」兩種類別。因為人類大腦具有神經可塑性，我們可以用很多種很棒的方式改變自我和行為。

我們要怎麼幫助孩子培養自我動機以改變行為？在這之前會經過一連串的階段。知道你的孩子位於哪一個階段將有助於你瞭解他們的心境並提供適當的支援讓他們邁向成功。以下是改變的六個階段和相關技巧：

1. 思考前期

個體沒有改變行為的意願。他們可能否認問題存在或不覺得需要改變。

支持技巧：把他們的感受當一回事並鼓勵他們評估自己的行為。跟他們一起列出目前行為的好壞（以同理而非批判的態度）。在此階段這麼做很有幫助。

2. 思考期

個體願意思考改變行為所帶來的好處，但他們會在改變與不改變之間因為許多原因而產生矛盾。

支持技巧：鼓勵他們想一想改變行為所帶來的好處與壞處，引導他們把注意力放在正面結果。

3. 決定／準備期

個體開始看到改變行為的好處大於持續目前行為的好處。他們準備好也決定要付出行動，但尚未採取任何具體步驟。

支持技巧：檢視阻礙在哪裡，幫助他們解決問題；找出他們在改變的過程中可以信賴的支援；建議他們先踏出一小步。

4. 行動期

個體相信他們可以改變行為並積極實行。個體依賴自我動機來繼續行動。「處於這個階段的人也比較願意接受幫助和尋求他人支援（這是非常重要的元素）。」

支持技巧：加強他們處理障礙的自我效能，提醒他們新行為的長期效益。

5. 維持期

這個階段的個體試圖維持新行為，避免受到影響（例如：他人或情況）而故態復萌。他們會提醒自己到目前為止的良好進展。

支持技巧：加強新的改變所帶來的內部獎賞。

6. 復發／再循環期

到了某個時間點，自我動機可能會消退（別忘了自我動機是浮動的），個體可能故態復萌。

支持技巧：這個時候最好跟個體一起評估是什麼原因而復發，並制定因應策略，讓個體重回正軌。

我們用一個家庭作業的例子來說明這幾個階段。在思考前期，你的孩子可能會想：「家庭作業？我才不做！我的成績都有及格，我要玩臉書。」接著來到思考期：我真的很想玩臉書，但我應該要做功課，不然會被當掉。過了一陣子之後進入決定／準備期，通常會根據新的資訊：上次功課沒做好。如果再不開始注意家庭作業我會被當掉。然後是行動和維持期，可能整個月都有好好按時做功課，最後是復發期：反正老師就是討厭我，這個科目太無趣了，我根本不可能及格。管他什麼家庭作業，我要繼續玩臉書。

在這幾個不同階段中移動很正常。沒有人（特別是孩子）在做每一個活動或行為時都可以永遠處於行動期。雖然如此，許多家長期望孩子在做他們（家長自己）覺得重要的活動或行為時可以處於行動期。曾有父母跑來問我他們的孩子是不是有注意力缺失症，因為他「無法專心」上課。我看了這個孩子的過往紀錄，發現他的行程從早到晚都被學校課業、課後活動和家庭作業塞得滿滿的。怎麼可能有人過這樣的生活還能保持專注力？大部分的孩子一點都不缺乏動機。如果你的孩子在沒有喘息時間的情況下無法一直拿全A和在運動和音樂比賽中與人競爭，那表示你的孩子完全正常好嗎？要對任何行為發展出自我動機就必須具備某種程度的能量，能夠從一個改變階段邁入到下一個。

平衡人生：自我動機的基礎

我們可以把自我動機想成是動機階層（hierarchy of motivation）的一部分。當然，我們一開始會受基本生存需求所驅動，這在第五章已經談過，包括營養和睡眠。我們都曾在飢餓、口渴或昏昏欲睡時感到懶洋洋和意興闌珊。我們知道人類天生就會玩耍、探索、建立社交關係和貢獻。這些活動也對我們身為物種的生存至關重要，因此我們會從內在被驅動和獎勵從事這些活動。

一旦在這些基本需求中達到某種平衡，就能得到活力和動力面對持續的挑戰。想想看你周遭很有活力的人，你會注意到他們也具有自我動機。活力需要生存基本要素以及它們之間的平衡。其中一項再多也無法讓一個人更有動機（例如：攝取超過營養所需的健康食品或水分並不會增進動機。）

我們的生理會驅動我們在生存活動之間找到平衡。舉例而言，一個睡眠不足的孩子會想睡覺；如果她繼續睡眠不足，身體就會失調，讓失眠找上門。一個被剝奪玩樂或社會連結的孩子也是同樣道理，比起「工作」，他會想要先滿足這些需求。除此之外，我們知道年輕的大腦從某些活動得到的獎勵較多，因此比較有動力去做那些事。對幼兒來說是睡眠和玩耍；對青少年來說是社會連結和探索。孩子一定會產生動機，但問題是哪一個動機排在最前面。因此，從很多方面來看，教養就是「動機管理」。

好奇心：自我動機的根基

前美國第一夫人愛蓮娜・羅斯福（Eleanor Roosevelt）曾說：「我認為，在一個孩子出生的時候，如果母親可以跟神仙教母要求賦予寶寶一項最有用的天賦，那就是好奇心。」我們若處於平衡狀態，好奇心這項自我動機的關鍵要素就會油然而生。人類（和海豚）都會因為天生的好奇心和對知識的渴望而受到驅動。沒有了好奇心，我們也不會有動機去探索周遭世界。不意外的，好奇心跟我們腦部多巴胺的獎賞系統具有連結。好奇心就內建在腦中，讓我們有源源不絕的自我動機繼續學習。

儘管對大腦已經有廣泛瞭解，我們還是對好奇心所知甚少。在美國加州理工學院一項近期研究中，大學生被要求在腦部掃描器中回答四十個瑣碎的問題。受試者讀完每個問題後，必須在心中猜想答案，並顯示出他們對於正確答案的好奇心。接著，他們會再次看到同樣的題目以及正確解答。科學家在這個實驗中發現，當學生顯示出好奇心時，腦部的幾個關鍵區域會受到較多的刺激：前額葉皮質（腦部的思考區域）、海馬旁迴（記憶被編碼和擷取之處）以及尾核。尾核長久以來都被認為跟知識和學習有關，近期還加了情緒。事實上，把新知識和強大正面情緒（例如：愛）連結在一起的可能就是尾核。對我而言，這就是好奇心的最佳描述。當我們愛上讓我們感到好奇的事物，它就會成為我們的「熱情」，而熱情能驅動強烈的動機。好奇心引領我們「走在」未知的神經軌道上，發掘人類心智的驚人力量。想想愛因斯坦一句很有意思的話：「我沒有什麼特殊天分，只是滿懷熱切的好奇心。」

好奇心也能讓我們冷靜下來。當我們用好奇的眼光看世界，就不會去批判或反彈，而是觀察和互動。好奇心將我們帶離恐懼模式，讓思考腦開始運作。好奇心需要時間停下來思考（想像一下要發揮好奇心還得排時間會是什麼狀況）。如果你忙到沒時間發揮好奇心，自然無法產生動機。

讓自我動機得以持久的驅動力

動機心理學的研究顯示，只要滿足以下三項條件我們就能產生動機：自主性、掌握度與使命感。自主性是渴望指揮和控制自我人生，源自內在控制，父母透過平衡的威信型教養來灌輸。掌握度是渴望把某件對我們很重要的事情做得愈來愈好，源自透過玩樂來尋找並發展熱情。好奇心本身就是「顛倒的U型車道」，激發我們克服挑戰，精益求精。使命感是渴望做出對世界有意義的事，投入某個更遠大的目標，源自我們對於連結和貢獻的欲望。

一項密西根大學（University of Michigan）的研究顯示，我們若知道自己的工作幫助到他人，甚至能增進我們的潛意識動機。在這項研究中，一名從大學電話募款中心獲得獎學金的學生被請去跟負責募款的人員講了十分鐘說這個獎學金如何改變他的一生。一個月之後，募款人員花了比以往多百分之一百四十二的時間在電話上，營收則增加了百分之一百七十一。但募款人員否認受到這名學生的十分鐘談話影響。「這幾乎可以說是好心情繞過了電話募款人員有意識的認知程式，直接變成更潛意識的動機來源。他們變得更想要成功，即使說不上來是什麼原因。」

平衡的人生：面對挑戰的力量

人類受到挑戰時也會得到獎勵。當我們做到以前認為做不到的事，感覺很好不是嗎？當我們靠自己想出辦法、用獨特的方式解決，感覺更好不是嗎？任何挑戰在本質上都具有兩種力道：掙扎和喜悅。沒有掙扎也就沒有喜悅。根據定義，挑戰就是要冒險進入未知領域，因為我們在舒適圈中無法被挑戰。我們必須探索、掙扎、挑戰和克服壓力才能生存，這就是為什麼我們在歷經困難之後會自然而然感覺很棒。這也是為什麼父母有時候不應該插手大自然的安排。我在兒女期待我替他們解決問題、清除障礙或減輕挑戰時告訴他們以下這個故事：

有個小男孩看到一隻蝴蝶正在掙扎著破繭而出。牠顯然受到挑戰，很努力的往外掙脫，因此小男孩決定「幫牠一把」，把繭撕開。但讓小男孩大吃一驚的是蝴蝶並沒有自由快樂的飛走，而是留在原地。他有所不知，蝴蝶需要從繭裡掙扎著出來才能發展出飛翔所需的肌肉和協調性。

同樣的，孩子有時候也需要掙扎才能發展出獨立所需的心智力量和協調性。故事中的小男孩無意間阻礙了蝴蝶，就跟我們父母不知不覺阻礙孩子發展韌性和獨立性一樣，因為我們太常也太快介入。每個人都有自我動機，大自然將它內建在腦袋中。父母不需要特別去創造，只需要避免去誤導和摧毀它。

再來，我們的孩子需要體驗一些壓力來培養韌性。紐約州立大學水牛城分校（University of Buffalo）教授馬克‧希瑞（Mark Seery）在一場有趣的實驗中將一群大學生的雙手泡進冰水中。他發現經歷過人生逆境（像是親人死亡或生病）的學生感受到的疼痛程度較低，也更能忍耐這個經驗。他得出結論：「有過處理負面經驗的人比較能培養出韌性，他們甚至更能處理平凡日常生活中的壓力源。」

挑戰對我們很好。沒有人要你去找罪受，但一定程度的逆境是好的，特別是在童年期，如果我們不想成為「茶杯族」（別忘了，太多可能會變成「酥脆族」）。

我們要的是可以幫助我們學習和成長的挑戰。當我們面對、對抗和克服一項挑戰時，身體會刺激多巴胺路徑予以回報，讓我們感覺良好。我們把一項工作做好會得到巨大的喜悅，而且工作難度愈高，回報和滿足愈大。「多巴胺使人保持動力並不屈不撓的達成目標。」科學家認為較高濃度的多巴胺和終身習慣的養成有關聯，像是毅力。相較之下，較低濃度的多巴胺讓我們變得無動於衷：「如果你沒有每天達成某件事，你的多巴胺儲量會減少。人類生來就會勤奮做事並因此獲得生理上的回報。」

心理學家安潔拉・達克沃斯（Angela Duckworth）檢視兒童與成年人如何成功處理高壓和具挑戰性的情況以瞭解其中的關鍵。答案是「恆毅力」（grit）。在一項標竿性的研究中，她調查了兩千八百名受試者，裡面包含西點軍校學生、全國拼字比賽參賽者、銷售人員和艱困社區的老師等等，藉此找出決定他們成功的要訣。恆毅力是一致要素。舉例而言，恆毅力比SAT、班級排名和體能都還能決定誰可以撐過美國軍方著名的西點軍校魔鬼夏令營。

壓力、挑戰和熱情全靠生理的自然回饋循環來產生和調節。因此，我們在追求成就的道路上不能失去平衡。你是否曾經達成一個很大的目標但發現喜悅稍縱即逝或根本不存在？追求成就的成本若大於效益就會如此。這些成本通常跟我們的健康和人際關係有關。如果我們在汲汲營營追求成就的過程中有意或無意忽略掉這些東西，成本可能會不斷累積。我太常聽到忙碌的家長花過多的時間追求財富和形象等愈追愈遠的目標，忽略孩子的成長。悲傷、空虛或「不對勁」的感覺就是大自然在提醒我們沒達到平衡生活的基本需求。你可以透過追求更多成就來忽視、遮掩或逃避這些感覺，但你騙不了自己的身體。

失衡、受迫或讓別人幫我們把事情做好會害我們享受不到克服困難的喜悅以及隨之而來的幸福快樂感。因此，在現實世界中包含嘗試錯誤甚至失敗的學習都不該被視為洪水猛獸，像老虎父母認為的那樣。克服挑戰是人生的一部分，也是極為有利的一項工具，讓我們學到真正重要的適應能力。

老虎扼殺自我動機

有一天我兒子不管我怎樣叫喊、賄賂或處罰都不去做功課，我心想，這太扯了，我可以幫助一個有毒癮的青少年戒掉古柯鹼，卻無法讓七歲的兒子寫字母！接著我驚覺：我有這麼多激勵年輕人的經驗，促使他們戒酒、少打電動、治療憂鬱、管理焦慮、和父母溝通、跟爛男友分手以及停止濫用聰明藥，但我卻忘記把這些有用的方法帶到教養自己的孩子上。事實是我無法強迫、懇求或命令我的孩子寫家庭作業，就像我不能強迫、懇求或命令我的患者變得健康一樣。指揮孩子做事或替他做好都行不通，我們都很清楚。但這些做法是虎式教養的核心，導致孩子依賴外在獎勵並發展出外控。

如果你的孩子只因為外在壓力而專精於某件事，他們很有可能變得討厭它，最後不再做它，即使他們擁有做這件事情的天賦。這種情況在我的診間屢見不鮮，通常發生在高中時期。許多在小時候會衝出門外和毀掉比賽的虎子開始停滯不前，經常被其他在學業和課外活動上接受海豚教養法的同儕超越。有些虎子並不在乎落後，有些甚至鬆了一口氣，因為他們累垮了。其他的則是無法接受自己「比別人差」而一蹶不振，因為他們就跟茶杯一樣脆弱。在高中時期想要在競爭中脫穎而出的年輕人必須擁有ＣＱ，但他們還沒有發展出ＣＱ技能，因為自牙牙學語開始就一直生活在泡泡裡，進行著永無止盡的活動和練習。

外部獎勵和外在動機密不可分。如果我們透過玩具、金錢或過多的讚美來引發動機，會剝奪內在獎勵（也就是讓人持續感到快樂的神奇多巴胺）產生的機會。

普林斯頓大學（Princeton University）心理學教授山姆・格魯克斯伯（Sam Glucksberg）顯示出外在獎勵對自我動機，特別是需要ＣＱ的任務，可能帶來多嚴重的問題。格魯克斯伯將研究參與者分成兩組，請他們用最快的速度解決一個批判分析問題，並告知雙方會計時。其中一組被告知他們的時間只會被用來反映一般人解題的平均時間；意思就是他們不必有壓力，因為這項資料只是參考。另一組則被給予金錢誘因：

「如果你解題的速度在前百分之二十五，可以得到五美元。如果你的速度是今天所有受試者裡面最快的，可以得到二十美元。」你猜哪一組解題的速度較快？有金錢誘因的還是沒有誘因的？有金錢誘因的那一組實際上多花了很多時間，他們比沒有誘因的小組平均多花三點五分鐘。這項研究證明透過獎勵引發的動機無法提升創意思考和問題解決能力。事實上，它讓批判思考和創造力變得遲緩，因為獎勵的焦點太狹隘。

強迫、緊迫盯人、要求和哄騙在任務很簡單時或許有效，但一旦任務變得複雜，需要用上創意和批判思考，這些外在激勵因數便行不通了。當然，用賄賂和威脅引發動機的孩子或許可以在某個領域練就不錯甚至很好的技能。舉例來說，一個孩子被迫練愈多的芭蕾並給予獎賞可能在短時間內把芭蕾舞跳得愈好。但獎賞和處罰不能代替以自主性、掌握度和使命感為基礎的自我動機，也無法帶來滿足、高興和喜悅感。透過自己的努力來實現好奇心能得到滿足，為了更美好的世界做出貢獻能得到喜悅。隨著孩子年紀增長，他們必須發展出超越外在獎勵的內在獎勵才能培養自我動機並真正獨立。練就卓越技能需要適應力和CQ。當然，如果光靠技術能力就能達到世界頂尖，那麼依賴外在激勵因數的孩子或許可以成功，只要現實生活的障礙不來搗亂。不過，在大部分的情況中，經歷第一次重大傷害、嫉妒的團隊成員、糟糕的上司或是脫離父母羽翼的壓力之後，這些孩子往往會走上歧路。從許多層面來看，過度強調短期成就和表現會阻礙孩子獲得長期成功。

在最好的情況下，虎式教養只專注在掌控度，然後剛好孩子（而非父母）認為這項活動重要到願意去精通它；在最糟的情況下，虎式教養完全無法灌注孩子任何自我動機。如果我們希望孩子擁有自我動機，那麼我們自己也要展現自我動機。這表示我們必須遏止由恐懼驅動的外在動機。如果我們希望成為自我動機的典範，就必須過著平衡的生活方式，其中包含玩樂、探索、社區和貢獻。我們也必須承擔風險、踏出舒適圈、挑戰自我，不因害怕失敗而退縮。

孩子必須相信人不一定要是完美的。讓你的孩子自己穿衣服，就算不搭或穿反也沒關係。向孩子承認自己的不完美。反正他們也看得出來，所以你可以讓他們知道你接納自己，但也願意改進。我家小朋友就很愛指出我的小失誤：「媽，你又忘記帶電話了！」犯錯是絕佳的學習經驗。讓你的孩子偶爾搞砸家庭作業，他們就知道下一次要怎麼改進。我們用說的比做的容易，深呼吸會很有幫助。孩子必須知道每個人都會犯錯，而錯誤是可以被改正的，我們從中得到學習。成年人必須從自己的錯誤中開放的學習來以身作則。

我有一名年輕患者一直戒不掉用類固醇來提升運動表現。有一天他進來我的辦公室說：「我再也不用類固醇了。」我問說是什麼改變了他，他告訴我他的籃球教練最近跟他講了自己過去在運動中使用藥物的錯誤。由於他和教練感情很好，也很崇拜教練的運動才能，所以下定決心以他為前車之鑑，不要步上同樣的後塵。

自我動機必須發自內心

說到底，大家都想要指揮自己的人生。我們想要擁有自主性、掌握度和使命感，任何人都無法由外力強加，就連父母也不行。它們跟指紋一樣獨一無二。

孩子要獲得健康、快樂和成功就必須要有自我動機。自我動機的來源有以下三個：一、賦予自主性、掌握度和使命感的平衡生活，二、透過CQ適應現實中各種起伏的能力（這就是為什麼我們要活在現實世界中），以及三、威信型家長所培養出來的內控。從這三點你看出來了嗎？不平衡的虎式教養會適得其反的傷害自我動機和獨立性。

透過以身作則、引導方向和平衡生活，海豚父母用老虎父母做不到的方式展現自我動機。只要運用合作而非命令、發展而非強加、引導而非指揮的技巧，根據孩子的當下狀況與改變階段發揮彈性和適時反應，家長就能賦權（empower），激發出他們的個人潛能。

總的來說，這些行為都無法養出一個順從的孩子。順從是老虎的專利，投入（engagement）才是海豚的特質。投入可能帶來矛盾和反抗，但這些都是孩子完全正常的反應。畢竟，有多少孩子會想要讀書、練琴、洗碗以及打掃自己的房間？但你的教養歷程會帶來極大滿足，只要你順勢而為，並謹記在心發展健全的自我動機能讓孩子（以及你自己）過得更快樂、更成功。

引導孩子邁向二十一世紀的成功

我們知道支持孩子自主以及減少家長幹預能帶來更好的學業表現和情緒管理，而這正是海豚父母致力的目標。既然你現在已經建立了平衡的生活，和子女肩並肩同行，也瞭解自我動機的重要性，那麼你正在游向ＣＱ的四個「Ｃ」、適應力、獨立性和二十一世紀的成功。以下處方將在過程中提供協助。

處方

讓學習充滿活力！

樂趣可以是一項有力的教導工具。提升學習經驗的一個方法就是把正面情緒帶入任務。我們在直覺上都知道和心情好的人共事比和心情不好的人共事更能產生動力。那麼如果在進行任務前先看一張可愛的照片會怎麼樣呢？日本研究員針對一組學生做測試，在他們進行手作任務之前和之後讓他們看可愛寶寶、小狗或小貓的照片。研究員發現，光是這些短暫「可愛」影像所引發的正面情緒就能增進表現。

許多孩子不喜歡寫數學習題，我們自己在長大的過程中也是。我爸爸知道這一點，他擅長用玩耍和樂趣來教五個小孩數學，我們兄弟姊妹最小和最大的差十二歲。爸爸很會倒立，但為了逗我們開心，他會故意用很扭曲的誇張表情做出快跌倒的滑稽姿勢，大家都覺得很搞笑。這是他教數學的搞笑祕密武器。爸爸常常在開了一整天的計程車之後很累的回到家，但口袋裝滿零錢。他會在客廳倒立，我們都會停下手中的事，圍繞在他身邊。我們會喊出質數和平方根方程式，如果答案正確，他會抖抖腿，讓幾枚銅板掉出來。所有銅板由每個小孩平分。我們知道他幾分鐘就會累了，所以沒有時間爭論或吵架，只能發揮創意互相合作（我的哥哥姊姊會伸出手指來幫我）。到現在幾十年過去了，我還是很喜歡數學，而且永遠記得一百五十七是質數，一想起來臉上就會掛著大大的微笑。

處方

為正面行為提供選擇性的正增強

所有動物包括人類皆受惠於正增強，特別是當它來自於某個有情感連結的人。令人振奮的研究利用正增強治療童年口吃，顛覆了整個領域。過去言語治療師會將口吃兒童唸不出來的字句段落切成小部分，花數小時的時間重複訓練他唸正確。

現在新的方法只需要針對正確句子使用正增強，完全忽視不正確的句子即可。結果非常驚人，尤其當父母接受訓練每天應用這項技巧。兒童改善口吃的速度和他們被糾正的次數之間存有直接的負相關。也就是說，愈把焦點放在錯誤上，孩子就愈會犯錯！不過，這種治療方法和為了讚美而讚美是不同的兩件事，接下來的處方將說明後者的明確壞處。

處方

避免過度或空泛的讚美，強調過程而非結果

史丹佛大學（Stanford University）心理學教授卡蘿・德威克（Carol Dweck）發現人類可以分為兩種基本的心態：固定型（fixed）和成長型（growth）。過度讚美或強調正確答案會導致固定型心態。這些孩子相信自己「聰明」或「有天分」，因此比較不會去冒險讓這種固定的信念被粉碎。他們可能比較沒好奇心也少問問題，因為他們的字典裡沒有「無知」兩個字。他們也可能比較不願意面對較困難的挑戰，因為絕對會犯錯。

相較之下，德威克發現具備成長型心態的孩子比較願意「去盡力學新的東西。他們接受挑戰，不輕言放棄，失敗會再站起來。」強調努力、問題解決、一致性和過程能夠培養成長型心態。

一項實驗顯示出固定型和成長型心態的不同以及「空泛」讚美的壞處。它讓一群幼兒解一個簡單的謎題，大部分的孩子都輕鬆過關。但接下來德威克只跟其中幾個小朋友說他們有多聰明、多厲害。結果沒有被說聰明的孩子比較有動力繼續解愈來愈難的謎題。這些孩子有更多進展，也表現出更多對解謎的興趣和更高程度的自信心。他們享受解題本身帶來的興奮感，不管結果如何。

雖然看似違反直覺，但盲目讚美孩子的能力和表現會影響他們的自信心。不過，如果你強調的是孩子如何得出答案，而非答案是否正確，她就比較會去努力、冒險和嘗新。舉例來說，如果你稱讚孩子在解數學題目的過程當中付出努力，而非找到答案，她會比較能從經驗中學習並再次嘗試。

我的大兒子以前習慣數自己踢進幾顆球並向所有人宣告（這可能是因為我們過度稱讚他，不小心強調了結果而非過程。）不過，太關注射門顯然開始影響他在防守、傳球和陣型上的表現。這件事實際上傷害了他身為球員的發展。雖然要忍住不去稱讚他很難，但現在我們都盡量聚焦於比賽過程中付出的努力。這小小的改變幫助我們的兒子更投入整場比賽，成為更全方位的球員。根據海豚關鍵，我們告訴他：「射門得分當然感覺很棒【發揮同理心】，可是你想要成為更好的球員並支援隊友【認清孩子的目標】。如果你也關注射門以外的事，一定能達到這兩個目標【支持成功】。」

處方

在介入和提供回饋前，先讓孩子自己嘗試

在你給任何指導或建議之前，先讓孩子試試看。事後再指出哪裡做對、哪裡需要改進才能成功。接著讓他再試一次。重複這個過程直到他可以自己解決問題。如果任務很複雜或時間緊迫，先請他描述他會怎麼處理。每次我問我在哈佛的指導教授問題，他都會要我先回答，即使我完全沒有頭緒。我感到十分挫敗，因為我跨洲來到這裡就是為了讓他指導，而不是自己胡亂摸索！不過，只要我遇到問題時自己先試著解決再去問他，他都會花時間幫助我找出邏輯上的錯誤，然後要我再試一遍。經歷了這樣的過程之後，我很快的學會了複雜的研究方法，也看出來指導教授其實是在磨練我的技能，讓我更想要去努力和靠自己解決問題。

我的兒子以前總是不先自己寫家庭作業就要求別人幫忙。我跟他解釋寫家庭作業的重點不在於答案對錯，而是找出你需要學習和已知的知識。我使用海豚關鍵告訴

他：「我知道我告訴你怎麼做會比較簡單【發揮同理心】，可是這樣無法讓你變得更獨立【認清孩子的目標】。我相信你只要自己再多試個幾分鐘就能找出解答【支持成功】。」我也告訴他：「家庭作業的目的在於練習、犯錯和找出需要學習的地方。」

我連續兩個星期每天都在講同樣的事，但就跟一名好的政治家一樣，我照稿演出，一再重複，不管他試圖用什麼方法拐我幫他都一樣，直到他自己開始寫家庭作業。結果你猜怎麼樣？當弟弟寫家庭作業遇到問題跑來找他幫忙時，我大兒子一字不漏的用我的話來回他！

處方

幫孩子分析問題，而非解決問題

舉例而言，假設你的孩子一直解不出某個家庭作業的問題而深感挫折。別一下子告訴她該怎麼做，而是問她哪裡卡住和為什麼。接著鼓勵她把問題分解成小步驟。如果真要幫忙，給個線索或小建議就好。隨著她慢慢解題，可以跟她說：「只差一點了」或「如果你這樣試，我就那樣幫你。」（如果她卡住。）

克蘿伊很喜歡科學，但她有社交焦慮。科展即將來臨，老師建議她繳交作品，但克蘿伊想都沒想就拒絕了。她的爸爸很想鼓勵克蘿伊報名，但又不想強迫她或緊迫盯人。他運用了海豚關鍵，說：「我看得出來報名科展讓你覺得很害羞【發揮同理心】，但你也告訴過我，你不希望因為害羞而退縮【認清孩子的目標】。你這麼喜歡科學，一定做得到【支持成功】，我真的認為你應該報名科展，但我不能強迫你。」一旦克蘿伊覺得自己可以控制情緒，她敞開心胸對爸爸說她預期參加科展會遇到什麼障礙。爸爸並沒有替她解決每一個問題，而是引導她自己去解決。舉例而言，克蘿伊說她在陌生人（也就是評審）面前介紹作品會很緊張，所以爸爸建議她用其他方式介紹，像是印出來、用藝術呈現或拍成影片。克蘿伊覺得拍成影片這個主意不錯，但不知道該怎麼做。爸爸幫她分解步驟，指導她怎麼錄影，並借她筆電在攤位上播放介紹影片。克蘿伊的父親是她完成這個作品的嚮導和隊友，而非監督者。這個作品仍然是她的，她介紹作品時感受到的喜悅也是。

處方

容許並鼓勵合理風險

「冰球皇帝」韋恩・葛瑞茲基（Hockey great Wayne Gretzky）很愛講一句話：「你

不嘗試射門就永遠不會進球。」學習機會也是一樣：如果不去嘗試，永遠都不會知道錯過了什麼。舉例來說，你玩曲棍球的兒子可能認為他不會喜歡瑜珈，但一旦嘗試之後，他搞不好會覺得把這項活動加進鍛鍊行程也不錯。引導他產生好奇心、嘗試新事物並承擔一些風險。

十二歲的艾妮卡個性謹慎，討厭「新事物」，總是規避風險。因此，她不會去公園、鄰居家或學校活動。她的父母希望引導她去探索和承擔一些風險。他們運用海豚關鍵告訴她：「對，冒險有時候真的很可怕【發揮同理心】，可是這麼多你想做的事情都是需要踏出舒適圈的【認清孩子的目標】。我們知道你做得到，也會在這裡幫助你【支持成功】。要不要試試看呢？」

艾妮卡的海豚父母得到艾妮卡的同意讓他們輕輕把她推出舒適圈。他們問她從街上哪個地點走路回家覺得自在，然後每天開車接她放學後會在這個舒適圈之外的幾間房子將她放下。雖然她每天都有點緊張，但走路回家愈來愈輕鬆。艾妮卡的父母很堅定的讓她逐漸能夠自在探索，不過他們在女兒覺得受不了或累了的時候也保有彈性。經過了一個月，艾妮卡開始喜歡上獨立的感覺以及父母給予的信任。到了年底，她已經可以自己一個人從距離七個街區的學校走回家。她很有自信的穿越交通繁忙街道，與陌生人擦肩而過，甚至幫忙跑腿，像是在回家的路上去雜貨店買牛奶。有了自在探索的新能力之後，艾妮卡問說她是否可以加入學校話劇以及參與她之前拒絕過的社交活動。

處方

什麼都別做，讓孩子體驗自然後果

如果你每天都運用以上海豚策略，那麼你正在幫助孩子發展強大的自我動機和CQ。不過有時候海水會變得波濤洶湧，你需要特別的工具來應變。每個人手上都有這項特別的工具：叫做「什麼都別做」。讓孩子有機會自食其果很重要，不要急著把他們救出來。

高度的沮喪其實可以促使一個人做出正面行動。這種沮喪可能是缺乏動機的結果。例如，考試不及格可能讓一個孩子感到沮喪，認為「老師會覺得我不太聰明」，「爸媽會沒收我的電動」或「沒盡力的感覺很糟」。任何或所有後果都可能足以促使孩子為下一次考試更用功讀書（也就是說，沮喪能導致行為改變）。透過自然後果，孩子會學到某個行為帶來的好處和壞處，而這種認知理解可以將孩子導向或導離這個行為。如果孩子說：「我不喜歡寫家庭作業，但我知道它的好處比壞處多」，那表示孩子已經得到要領，瞭解行動和其後果對他的人生及自身利益會造成多大的影響。

是的，我們還是可以沒收電動，取消答應過的好康，或提供適當誘因。但我們不能永遠做這些事，所以最好別把它們當成主要或唯一的策略。你可能很難忍受，但令人沮喪的事（像是孩子偷竊被抓到）發生時，自然後果通常比較能幫助孩子發展出內在控制點以避免同樣情況在未來重演。

你讓孩子在人生中愈早體驗自然後果，這些後果就愈沒有殺傷力。我的大兒子在小學一年級沒寫完第一份家庭作業時，我很想要出手相救。我很想放下手中所有事，坐下來跟他一起完成。雖然我希望他可以讓新老師有個好的第一印象，但我忍住了。隔天我兒子放學後就衝回家開始寫作業。原來老師規定他在下課時間把功課寫完，害他不能在他最愛的這十五分鐘跟朋友踢足球。我沒有介入，也沒有罵他或幫他，他就自動自發的把作業寫完。啊，這就是自然後果的力量！

如你所見，海豚教養法順應生物本能，彰顯最深刻的人類價值。海豚教養法依賴直覺，但我們若處於恐懼模式就會找不到方向。它很簡單但不容易。這些人生中最簡單的事也最有力量，而且絕對值得去做！

第十章

海豚父母會養出什麼樣的孩子？

伊莎貝拉是個易怒及有點古怪的十七歲女孩，她被轉介來我這裡是因為她的父母很不高興看到她蹺課、成績變差，做什麼事都不專心。她之前是個優等生。

伊莎貝拉第一次來見我時是數理資優班的學生，她看起來煩燥、悶悶不樂又孤僻。我問她在學校有沒有喜歡什麼東西。她回答她「有點」喜歡一門選修的戲劇課。我要她多講一點，她開始說她有多喜歡不同角色帶給她的挑戰。她一邊說一邊開始看著我的眼睛，身子坐得更直，態度也更投入。

她告訴我她很會演戲，這是她唯一真正喜歡做的事，此時她整個人興奮得亮了起來。但突然之間她開始放聲大哭，說父母絕對不會接受她喜歡演戲這件事。「他們要我當醫生之類的。」（我知道。聽起來很糟，對不對？）

我猜測伊莎貝拉的父母覺得女兒追求藝術

會讓他們蒙上恥辱，所以你可以想像當我見到她的父母並得知他們兩位都是演員而且是在舞臺上相遇的時候有多驚訝！事實上，他們整個家族大多是演員和表演者。

伊莎貝拉的父母熱愛自己的職業，但他們認為她「聰明到」可以當醫生，希望她未來從事比他們更「穩定」的工作，不必面對競爭以及有時全靠運氣的演員際遇。這些論點都很合理，但伊莎貝拉的父母沒想到的是女兒對數理和醫學一點興趣也沒有。她很不快樂也試圖反抗，因為她覺得其他課很無聊。不能追求真正的熱情讓她焦慮萬分。

現在，過了十四年後，伊莎貝拉發展得很好。她的父母不再逼她讀理科，同意她追求藝術。不過，雖然伊莎貝拉上了很多表演課，她還是受到父母引導的影響，沒有成為演員，至少不是傳統上定義的那樣。她找到了屬於自己的道路。伊莎貝拉在大學一年級選修了法律課，發現到法庭充滿戲劇，所以她跌破自己和大家的眼鏡，去上了法學院。

伊莎貝拉成為律師後，在法庭上演出、實驗和探索不同戲劇風格來提出論證和爭取陪審團的支持。她開發出許多創意手法，所以即使還很年輕，但經常受邀去跟其他律師分享法庭表演的技巧。她也成了電視上專門談論法律議題的媒體專家。身為律師的伊莎貝拉擁有輝煌成功的事業，而且健康又快樂。

我相信伊莎貝拉當初擁有上醫學院的潛力，她對理科表現得毫無興趣但成績優秀。哪一個比較好呢？不太快樂的一般醫生還是快樂的出眾律師？伊莎貝拉和最好的自己做了連結。

做最好的自己（BEST）意思就是擁有做某件事的天賦和熱情或精神，以及施展自身特質的自我動機（BEST = Best Expression of one's Spirit and Talents，將精神與天賦發揮得淋漓盡致）。在我看來，實現最佳自我就是將身心靈的潛能完全發揮出來，做最好的運用。

為快樂成功的人生奠下基礎

我經常跟子女（以及願意聽的人）談論實現最佳自我的重要性。我最近跟七歲的兒子交談，他告訴我這個點子甚至可以用在書上。我們家沙發的其中一個椅腳壞了。我丈夫在下方墊了幾本書把它撐起來，之後再修理（在我們家可能就這樣不了了之）。兒子問我為什麼書在那裡，我解釋說是為了把沙發撐起來。「可是媽咪，」他說，「那不是書的最佳使用方法。你們為什麼要這樣用？」他說得沒錯，那些書勉強可以代替椅腳，但那不是原本用意，也並非最佳用途。

很多來到辦公室找我的人就像那幾本撐起沙發的書。他們獨特的天賦和熱情因為其他被迫去做的事情壓個粉碎。顯然的，我們的腦袋並不像一團黏土，可以被父母捏成他們想要的樣子。數不清的神經連結編織成一張功能圖；熱情、天賦和動機由此而生。

不意外的，當你實現最佳自我，健康、快樂和動機最容易隨之而來。我想我們會對海豚很著迷是因為牠們的最佳自我跟我們想像的「ＢＥＳＴ」不謀而合。老虎在野外也會發揮最佳自我，但人類並不想活得跟老虎一樣孤獨，白天大部分時間都在睡覺，好養精蓄銳準備晚上的獵殺。我們想要玩樂、探索、與群體相處、回饋社會及更多人，還有感受海豚跳出水面時臉上似乎永遠掛著笑容的那種喜悅。

我之前一直提到，如果你不健康，很難獲得快樂和自我動機，而要健康就必須讓生活基本需求處於平衡狀態。

接下來是玩樂。玩樂讓我們找出熱情所在、優缺點和喜好。如果你對某個活動很有熱情和衝勁，那麼即使遭遇挫折都會繼續做下去。畢竟我們天生就喜歡挑戰和精進，但不是事事皆如此。我們想要在個人具有熱誠的事物上精進。

在年少時玩樂和探索可以讓我們在成人期找到最佳自我。在成人期實現最佳自我讓我們繼續玩樂和探索，在職場上也一樣。如果伊莎貝拉的父母不准她探索劇場的世界，又或者伊莎貝拉沒有透過大量演戲來玩樂，她永遠都不會發現什麼東西讓她開竅。她可能會卡在科學和醫學的世界裡動彈不得，沒有機會得到快樂和真正的成功。

玩樂和探索之後是社群和貢獻。由於人類生來便是社交的動物，要是沒有社群和貢獻，最佳自我會處於休眠狀態，沒有人可以分享。跟朋友玩樂或是跟他人分享生活會讓我們的經驗更加愉悅和深刻。這不代表我們獨處不會快樂。但如果選擇過度競爭而與社群漸行漸遠，便無法吸引或維持緊密關係。我們或許可以得到社會地位，但無法建立緊密和有意義的社交連結。如同我在第七章闡述過的，孤立或孤獨不管多久都跟重病一樣有害。

伊莎貝拉要是少了演戲社群的支持（以及她對社群的貢獻），可能永遠都不會繼續追求熱情，實現最佳自我。一旦家人轉念支持她，她開始感受到與他們分享生活的喜悅——他們對這個生活熱愛又具有洞見。要是沒有群體的支持或把自己當作更大群體中的一份子，伊莎貝拉永遠不會像現在這樣快樂又成功。

社群和合作之後是自我動機。很棒的一點是，如果我們達到平衡並找到最佳自我或接近這個境界，動力經常會完全內化，而且不費工夫。我們不需要任何人逼迫，因為我們正在做我們好奇、想做的事。每個人內心都存在動機，讓我們即使處在艱困時刻也能堅持下去和適應。

伊莎貝拉過去讀理科都要父母逼迫、督促和緊迫盯人。一旦她轉換到她喜歡做的事，不用別人說一個字就會產生動力。但她的雙親的確需要跟她肩並肩走在一起，不占用太多她規畫人生的空間，讓她自己來掌握。

伊莎貝拉能有今天的成就全靠平衡。首先，平衡的教養產生內控。再來，平衡的生活方式產生健康和內在動力。這一切會建構出平衡的大腦，它是發展ＣＱ的關鍵。但在我們更深入探討ＣＱ之前，先讓我很快說明一下平衡的大腦如何帶來健康、快樂、動機和真正的成功。

平衡的大腦

人體大部分的成對器官，像是肺、胸、腎，都有一模一樣的功能，以防其中一個失靈。但分成兩半的人腦卻不是如此。

我們認為左腦負責邏輯、分析，它擅長定點聚焦、分離和「分解」任務。左腦過濾並找出「有用」的資訊，屬於外顯。語言處理和邏輯都在左腦發生，它的功能是提供順序和計畫。整體來說，左腦具有「正向」（positivity），也就是有計畫或方向。

相較之下，右腦被認為掌管情緒和直覺，它擅長全觀、統一性（oneness）、同理心或「大局」思考。右腦從身體和環境當中擷取資訊以找出「連結」，屬於內隱。語言的意義（像是隱喻的理解）發生在右腦，它的功能是提供目的和意義。

你看出來了嗎？我們的左右腦不僅不相同，還完美的互補。如果左腦是力量，右腦就是彈性。你可以說我們從課業學習得來的知識或「書本智慧」來自左腦，那麼從現實生活經驗得來的知識或「街頭智慧」則來自右腦。所以如果只用其中一邊，絕對會處於劣勢。我們左右腦都需要，它們會互相連結正向影響，並抑制另一邊最常源自恐懼的反應傾向。

左右腦是否處於完美的平衡？還是跟身體一樣，雖然可能慣用某一側，但可以透過整合、溝通和不斷校準來達到整體平衡？究竟左腦和右腦哪個占優勢一直存在爭議。直到相當最近，左腦才被認為是優勢半腦或主要半腦，右腦則是從屬半腦或次要半腦。畢竟現代社會顯然重視邏輯和分析勝於情緒和直覺，不是嗎？這就是為什麼我們需要科學研究來「證明」新鮮空氣和陽光對我們有益！神奇的是我們可能一方面（從左腦來看）在邏輯上同意這個論點，但另一方面（從右腦來看）在直覺上不同意這個論點。看來我們的左腦和右腦常常打架！但在兩者之間，右腦可能比我們過去想的還占主導位置。愛因斯坦明白這一點，他曾說：「直覺的心靈是神聖的天賦，理性的思維是忠實的僕人。我們創造出一個尊崇僕人卻輕忽天賦的社會。」

既然我們左半邊的身體得到了美麗的心臟，或許讓右半邊的身體得到掌管情緒和直覺的優勢半腦是公平的。不過，我們現在知道每一種功能，包括理性、情緒、語言和意象都不是由一邊的腦單獨進行，而是需要兩邊整合。你可以這樣想：如果右腦是ＥＱ，左腦就是ＩＱ。不過，左右腦的整合會給予我們在瞬息萬變的二十一世紀裡真正需要的東西ＣＱ。批判思考需要綜觀大局以及著眼小處；溝通需要語言的邏輯以及情緒；合作需要能夠處於分離以及連結的狀態；而創意需要左右腦的所有功能共同合作，不管是外顯還是內隱。當腦半球功能像這樣整合，我們就能讓ＣＱ高人一等並隨時適應環境。請別忘了我們最重要的神經可塑性：讓大腦改變形式和功能的能力。透過平衡和整合的生活，我們的大腦也能變得平衡和整合。

高CQ如何造就孩子的成功

來複習一下，CQ四個「C」分別是創意、批判思考、溝通以及合作。CQ並非偶然也不能由外力施加，必須由內而生。如果你的動機來自外在，要發展出高CQ機會渺茫。CQ愈高的人愈能適應環境；愈能適應環境的人就愈健康、快樂和成功。還記得我們在第三章談過喬治・瓦利恩特的格蘭特成人發展研究嗎？成功的關鍵決定因素在於一個人是不是屬於成熟適應型。

我們來看看CQ技能如何造就孩子未來的成功與快樂。

創意與批判思考

「牠們比我們聰明」佛羅裡達礁島群（Florida Keys）非營利海豚研究中心（Dolphin Research Center）研究主任凱利・賈柯拉（Kelly Jaakkola）這麼說，而她指的是瓶鼻海豚譚納（Tanner），牠被要求在蒙眼的情況下模仿訓練員的行為。雖然譚納看不見訓練員在做什麼，但牠找到了具有創意的解決方式：牠在水裡發出聲音，藉由回聲定位（echolocation）辨識訓練員的動作，然後完美複製！

很多人相信一個人有沒有創意是與生俱來的。在現實中，創意跟天分比較無關，倒是跟你怎麼運用天分很有關係。資料很清楚的指出這一點：許多科學家廣泛研究過這個問題，結論是約百分之七十的一般智慧（ＩＱ）完全仰賴基因。不過，創意僅有百分之三十仰賴基因，剩下的百分之七十來自於你的環境以及你如何學習。也就是說，它來自於學習的過程。根據《創意遊戲大全》（*The Big Book of Creativity Games*）作者羅伯・艾普斯坦（Robert Epstein）的說法：「沒有什麼證據顯示一個人天生比另一個人更有創意。」反之，他表示，創意是任何人都可以透過玩樂和探索來培養的。

另一個常見的假定是創意僅局限於藝術，像是音樂、戲劇和文學。沒錯，藝術是創作，但不是每個藝術家都很有創意。舉例來說，有些年輕音樂家（可能包括你的子女）擁有驚人的技術能力，但他們的表演沒有靈魂。相比之下，有些數學學生非常喜歡這個學科領域，可以用數字和符號深刻啟發人心。

有創意可以是做出新的東西，像是一首新的交響曲、一本新的小說或一個新的算數方法。但它也常常可以是投入某件已經存在的事物中，創造出全然不同的絕佳感受。一名演員不需要重寫莎士比亞的《羅密歐與茱麗葉》來贏得滿堂彩；一名指揮家也不需要重編貝多芬的第五號交響曲來賦予音樂新生命。創意可以是將你的熱情運用在一項現有活動上並為世界做出原創貢獻。

另一個常見但不實的假定是商業和創意扯不上邊。畢竟還有什麼比需求、供給、利潤和財務報表更沒有創意？（雖然每次一有新的金融醜聞爆出，我們就會常常聽到「創意會計」（creative accounting，意謂做假帳）這個字眼！）商界需要不斷適應變動的消費者需求以及經濟生態。企業常常創造出原創新品，但這些「新品」往往是現有產品特色的混合，或是將現有產品做一點創新改變。大部分的人都會同意史帝夫・賈伯斯是我們這個年代最具創意的人之一。但他並沒有發明個人電腦、手機或平板。他所做的是運用創意讓這些產品變得更好。

到了某個程度，批判思考和創意的界線會變得模糊，解決問題等於是在進行創意思考。批判思考需要分析大量資訊，包括互相矛盾的想法和挑戰我們原本想法的想法，並去蕪存菁；找出模式並得出結論；以及保持開放態度和合理的懷疑精神。在這個逐漸互相連結、全年無休的世界裡，要能夠從各式各樣的觀點當中解讀數據特別重要，其中有些觀點可能跟我們自己的很不一樣。一個真正的批判思考者可以放下過去的假設，接納不同「可能性」，真誠的探索新點子和跳脫框架思考。批判思考能力藉由自由提問而非被動指導來培養。

創意和批判思考需要平衡的心理狀態。壓力、外在壓迫和缺乏自由時間都會扼殺創意。相較之下，睡眠、玩樂和社群夥伴關係可以大大增進創意和批判思考。

悲傷、恐懼、憤怒和焦慮會阻礙創意。一項針對大學生進行的研究顯示，悲傷會讓他們害怕犯錯，不敢實踐新想法。顯然改善情緒能夠增進創意與批判思考，像是想出不同思考任務的答案、故事的新結局、獨特的字詞聯想，甚至是解決道德難題。創意相關首席研究員加斯伯（Gasper）說，當你覺得陷入瓶頸或失去動力時，可以「散散步、看一部喜劇片、跟朋友出去，休息一下能幫助你感覺好一點，用新的角度看待工作。」對我來說，這些研究結果聽起來就是運動、玩樂和社群的處方啊！

反過來也是一樣。光是創意就能帶來更高的工作滿意度、更高品質的休閒活動與經驗、更多正向情緒、更大的整體幸福以及快樂。研究顯示如果一個人感到快樂，隔天比較容易產生創意突破。

今日，創意可能不只帶來快樂，還能幫我們找到一份好工作。在《哈佛商業評論》（Harvard Business Review）近期發布的一項調查中，全球一千五百位傑出執行長將創意視為「未來首要的領導能力。」

如何才能有效溝通

科學家長期以來一直在爭論海豚那一整套奇妙的口哨聲、嘯叫聲、卡嗒聲、爆破聲和其他聲音是否複雜到足以構成實際的語言。但無庸置疑海豚利用這些聲音和肢體語言來溝通。每一隻海豚都有獨特的「招牌」口哨聲來和其他同類區分。海豚也有高超的模仿能力，像是汽艇聲甚至人類笑聲都難不倒牠們。海豚的溝通技巧讓牠們可以組隊獵食或保護群體不受鯊魚等掠食者攻擊。海豚父母教導子女如何在野外防禦、打獵和茁壯時絕對也會用上溝通。

在所有CQ技能中，溝通對於現代社會的互動最為重要。所有動物都需要有效溝通才能生存，但身為最具社交性的動物，人類是最需要溝通的。你可能超級聰明、能夠跳脫框架思考而且EQ很高，但如果沒辦法用有效和有趣的方式表達自己，沒有人會知道你擁有這麼多天賦。

有效溝通可以大幅改善領導能力，因為你能夠激勵別人並適當傳達訊息。好的溝通幫助你避免和處理壓力，與他人產生更緊密的連結，包括朋友和另一半。

在電子通訊盛行的社會裡，不管是面對面還是在網路上都能溝通的人，將脫穎而出成為明日的領袖。

溝通的起點是傾聽技巧，不只是聽內容，更要聽情緒。所以如果你在長大的過程中沒有好好被傾聽，你也會很難知道怎麼去傾聽別人。這就是為什麼在孩提時期學會溝通如此重要。溝通的許多面向，特別是非語言溝通，都仰賴直覺。細微的行為像是眼神接觸、點頭、微笑、拍肩或是偶爾的肯定語句都顯示出你有在認真傾聽。不過，它們必須自然而然的發生，否則會讓溝通分心。事實上，如果我們言不由衷，非語言訊號會「露餡」，無意中傳達出矛盾的訊息。舉例而言，你說你「對那個想法持開放態度」，可是卻雙手抱胸、身體往後靠，這就是溝通矛盾。不過，你可以有意識的利用肢體語言強化你的想法，像是在緊張時故意站高，肩膀往後收。這麼做不但看起來更有自信，你也會覺得更有自信，因為你的大腦和身體不斷在互相溝通！

溝通技巧透過一生的玩樂、探索、社群和貢獻來發展。請看一下表B。它列出雇主認為職場新鮮人要在工作上獲得成功「非常重要」的應用技能。你會注意到其中幾個「非常重要」的技能都和溝通有關。

有些大專院校還是很重視考試成績和分數，但畢業生被丟入的職場強調的是CQ技能，而他們可能幾乎沒有這方面的訓練。

表B　雇主認為職場新鮮人要在工作上獲得成功「非常重要」的應用技能

技能	雇主認為非常重要的百分比	技能	雇主認為非常重要的百分比
口頭溝通	95%	道德/責任	86%
團隊合作	94%	領導能力	82%
專業度/敬業精神	94%	資訊科技	81%
書面溝通	93%	創意/創新	81%
批判思考/問題解決	92%	終身學習/自我導向	78%
英文能力	88%	多元性	72%

資料來源：Conference Board of Canada, Are They Really Ready to Work? Ottawa: Author, 2006. Table 2, p. 20. http://www.p21.org/storage/documents/FINAL_REPORT_PDF09-29-06.pdf

合作

海豚重視合作的生活方式廣為人知。海豚群體打獵時常常會圍住一群魚，然後把範圍縮小成所謂的「餌球」（bait ball）。接著由個別的海豚一隻接著一隻輪流衝入餌球，吃掉受到驚嚇的魚。要是不這樣合作，海豚就活不了。人類不合作也無法生存下去，即使我們以為可以——通常被老虎父母養大的孩子就是如此。

和他人為了共同目的合作可以讓我們產生更好的想法，找出更好的方法解決問題。不管是跟兄弟姊妹、朋友、同學還是同事，我們有數不清的機會可以合作。不過，合作不只是一起做事，你還要尊重他人、值得信賴和能力足夠；使用社交技巧；以及互相激勵、挑戰和啟發。合作技巧可以透過在不同狀況下跟不同人相處、共事和交流來深化。合作是社會連結的基礎，一定會讓我們快樂！兒童最早得以深入探索合作的場所之一就是教室。世界各地有許多二十一世紀的教室都在納入更多的合作學習。只要老師當一隻海豚（而非老虎或縱容型的水母），這些教室就能提供真正的益處：

老師和學生共用知識

在合作學習教室裡，師生之間的資訊流並非單向。是的，老師對於某個科目懂得較多，但擁有實際經驗或想法的學生也可以對學習過程做出貢獻。還有什麼比教導自己的同儕更能讓人產生自信？

老師和學生共用權威

共用權威讓學生為自己的學習負起一些責任。透過設定目標和時程以及建立里程碑，某個程度的共用權威，能夠教會孩子一些他們在不久的將來在職場上獨立會用到的相同技能。

老師引導而非命令

當知識和權威由師生共用時，老師可以變得比較像是嚮導而非監督者。學生被鼓勵獨立解決問題，並運用創意和批判思考技巧探索替代方案。當然，老師還是得輕輕的督促、指引、說明，甚至在必要時控制局面。

如果我們的孩子長大後要在重視合作的世界裡立足，他們就必須從小學習與他人合作。既然孩子花這麼多時間在學校，教室等於是提供了教導、培養和發展合作技能的絕佳機會。在學校裡，把氣出在別人身上的孩子會陷入麻煩。在職場上，如果你遇過那種不能（或不願意）跟其他人相處的同事就知道，你常常會被丟下來自己想辦法與這討厭鬼共事。難怪雇主會把合作能力的重要性排得那麼前面，特別是在背景多元的團隊裡。

海豚：軟技能為成功之道

你有沒有發現表B包含了CQ的所有技能？創意、批判思考、溝通和合作（還有其他海豚特質，像是道德／責任和終身學習／自我導向）。

在職場上，CQ技能通常被稱為「軟技能」（soft skills）。二十一世紀的職場正在變得愈來愈複雜、多元、互賴和相連。具備「軟技能」的人通常也擁有厲害的社交技巧；和不同團隊都合作無間；清楚溝通；很快的根據人力資源、技術和職場條件變動做調整；找到創意解決方案以及能夠創新。

這些軟技能加起來會產生強大的領導能力，這種特質是每個人都想要培養但難以掌握的。誰在二十一世紀擁有強大的領導能力？過度競爭的老虎？酥脆族？還是茶杯族？都不是！答案是二十一世紀的海豚。海豚的創意、批判思考、溝通和合作等CQ技能絕對是強大領導能力的一部分。不過，當這些技能跟同理心、社群意識和利他精神等海豚性格特徵結合，海豚就會無往不利的邁向成功之道。和領導能力相關的性格特徵包括正直（在沒有人看到的時候依然選擇做對的事）、負責（對自己和他人負起責任）、尊重（對觀點或意見跟你不同的人也能表示尊重）、同理心（試圖設身處地理解他人）以及公民精神或利他精神（為公眾利益努力）。

強大、成功的生活因這些CQ相關特質而欣欣向榮：在職場、家中與社區成為可靠的人；尊重家人、朋友、同事和鄰居；負責任的完成手邊工作；以及公平對待他人。除此之外，當你跟海豚一樣展現出對他人的關懷和公民精神，就能過著非凡的人生。「好人出頭天」這句話是真的，也是競爭利他精神（competitive altruism）的精髓。我們的社會重視凡事先想到別人的人。有關利他精神的研究顯示，把團體放在個人利益前面的個體會獲得名聲和地位。

人類是社交的動物。因為科技的關係，世界變得愈來愈小。因此，我們的未來在許多層面都會更具社交性。這個事實帶給海豚一項競爭優勢。海豚之道既永續又能創造雙贏：海豚對社群做出巨大貢獻，並因此繁盛茁壯。

你或許會想，我知道很多所謂的「成功」人士根本沒有這些軟技能，他們一個星期工作八十個小時，從不玩樂，沒有創意，只關注自身利益。沒錯，老虎也可以獲得成功，但這是定義最狹隘的成功。我每天在辦公室都看得到這些「成功」故事。而伴隨成功而來的是不平衡的生活，可能導致憂鬱、心臟病、不道德行為、成癮症以及死亡。

老虎對於成功的定義通常僅限於事業與財富，但海豚的定義囊括健康、快樂、正直、社會聯繫、社群連結和貢獻。我知道在表面上，社會透過給予事業與財富加上極高的尊敬來獎勵老虎定義的成功。我們都曾聽過人家說：「X先生很成功。」但這句話的意思並非X先生很快樂，是個好爸爸，很有創意或是樂於助人。它通常指的是這個人很有錢。事實上，X先生搞不好是個不道德的混蛋。

要記得海豚對自己的孩子期望高很多，他們知道能夠在人生每個面向都獲得成功的人一定很會維持平衡。這些人睡覺、運動、玩樂、探索、貢獻、建立社會連結，而且能夠產生自我動機。我們不太會聽到這些成功故事，因為沒有戲劇效果足以躍上新聞版面。相較之下，古柯鹼毒蟲和慣老闆總是爆出醜聞，鬧得沸沸揚揚。這就是為什麼我們時常聽到這些問題，卻很少聽到誰過著健康快樂的人生。或許這一點正在改變。《赫芬頓郵報》（Huffington Post）最近隨著一場會議建立了一個同名部落格「第三把尺：重新定義超越金錢與權力的成功」（The Third Metric—Redefining Success beyond Money and Power），它把焦點放在重新定義成功，包含健康、快樂和回饋社會。

找尋海豚的快樂

父母最希望孩子得到的應該是「快樂」。奇怪的是，對老虎父母而言，快樂似乎是事後才有的想法。老虎父母把全副心力放在他們覺得孩子未來在社會上爭取物質獎賞時會需要的工具；等到孩子獲得有保障的高薪工作再去盡情追尋想要的快樂即可。但這樣會發生問題。老虎父母有個錯誤的假定，認為要在成年生活取得成功，快樂不是必要的，而孩子成年後自然會知道怎麼「獲得」快樂。我們知道童年所奠下的基礎會影響成年生活的每一個層面。我們也知道不快樂的童年可能造成各式各樣的心理問題，像是難以建立關係、自知之明以及處理壓力的能力，僅舉幾個例子。不快樂的童年也會導致生理疾病，像是心臟病、發炎症狀和細胞加速老化。

什麼是快樂？很多人想過這個問題，但答案各不相同。我們先來看看什麼不是快樂。首先，讓我在快樂和心理健康之間做個區分。心理健康問題像是憂鬱、焦慮和成癮物質使用都不等於不快樂，雖然它們可能具有相關性。憂鬱症是一種疾病，包含一連串症狀像是睡眠障礙、注意力不集中、記憶力衰退、失去活力、意興闌珊、胃口失調以及情緒低落或易怒。一旦這些症狀經過治療，先前經歷過憂鬱的人可能會感受到更大的快樂，跟大病初癒的人很類似。

快樂絕對無法跟金錢畫上等號。今日我們不是很容易區分需求（needs）和欲望（wants），經常認為擁有更多、更好的東西就會更快樂。不過我們現在知道事實並非如此。一項近期報告顯示，一旦一名美國人一年收入達七萬五千美元，就算財富繼續累積也不會讓他更快樂；有些研究則把這個神奇數字定在一年五萬美元。除此之外，雖然美國過去三十年來GDP一直穩定成長，但人口的快樂或幸福感並沒有隨之上升。再多的金錢、再大的房子、再炫的汽車、再多的配件行頭和名牌服飾都增添不了快樂。一項於一九七八年進行的知名研究測量樂透得主的快樂程度，並和沒中樂透以及意外受傷的人做比較。結果樂透得主沒有比控制組沒中樂透以及意外受傷的人快樂，反而比較難以在日常活動中找到樂趣。

我在二十多歲就讀醫學院並即將去日內瓦極富盛名的世界衛生組織總部實習之前，抽出了一段時間到印度一個貧窮鄉村地區服務。對我而言，印度的窮人顯然比日內瓦的富人快樂。雖然我服務的印度鄉村面臨貧窮、疾病和貪腐，但人民擁有無比的喜悅和活力。或許這種喜悅與活力來自於知足感恩以及對未來的樂觀態度。想想看許多世界上最貧窮的非洲國家人民總是在全球樂觀排行榜上名列前茅。蓋洛普（Gallup）在一項針對五十三國進行的調查中將奈及利亞人的樂觀程度評為七十分。相較之下，英國人則得到極度悲觀的負四十四分。這些結果讓我瞭解看事情的角度多有影響力。我們都知道遇到瓶頸和受到約束的感覺很令人沮喪，但抱持樂觀想法會帶來動力和興奮感。居住在艱困地區（像是奈及利亞）的人民可以接受他們掌控不了個人境遇，但他們永遠都可以掌控自己如何看待這些境遇。我們總是可以掌控自己的觀點。當我們看待這個世界時知道我們可以控制自己的感受和行為，壓力就會少一點，對生活的滿意度提高，甚至可以活得久一點。或許問題在於我們分辨不出需求和欲望的不同。若是如此，對那些把更多的「東西」和更好的生活畫上等號的人來說，快樂成為了經濟福祉底下的犧牲品。還記得富裕流感嗎？它對孩子特別有害。為什麼？因為讓孩子過度沉溺在物質享受中經常會導致他們想要更多物質獎賞，不去追求真正能帶來快樂的平衡生活以及使命感或幸福感。

地位和快樂之間的關係很複雜。對於地位的渴望會促使我們「在社會階梯往上爬」，想要獲得他人的敬重。努力獲得他人的敬重是一件好事，因為它可以支援我們繼續發展誠實、道德和關懷。不過，太在意地位以及害怕失去地位可能導致我認為的虎式教養主要推手：地位焦慮。

如果快樂不等於不憂鬱或是擁有金錢和地位，那它到底是什麼？在二〇一一年七月，聯合國大會通過了一項決議，鼓勵各國提升國民的快樂程度。一場名為「快樂和福祉：定義一個新的經濟典範」（Happiness and Well-being: Defining a New Economic Paradigm）的後續會議於二〇一二年四月在紐約聯合國總部召開，集結了各個領域的世界領袖和全球專家。會議的目標是啟動下一步以實現新的全球觀點，納入國民福祉總值（Gross National Well-being）和國民幸福總值（Gross National Happiness）等衡量標準。與會者探討了影響福祉與快樂的要素，制定出測量一國福祉和快樂的標準。有關快樂的定義有諸多爭論。當然健康（包括身體和心理）被放在第一位，睡眠、營養和運動也被明確提到。平衡生活的主題是一大重點，其中如何利用時間是「生活品質最重要的因素之一，特別是休閒以及與親朋好友交際的時間。」接著是「社群活力」，包括親密的社群關係以及付出與志工行為。當然，在文化活動中玩樂和參與以及發展藝術技巧的機會也被視為重要因素。這些平衡的基本要素：健康、玩樂、社群與貢獻，全部是海豚教養法的核心特色。

下圖是亞伯拉罕・馬斯洛（Abraham Maslow）著名的需求層次理論（你可能記得在

心理學概論課上過的這個金字塔），它也顯示出許多跟會議一樣的發現。如果你細看每一類需求就會注意到它們跟海豚之道有大量重疊的地方。

馬斯洛這個簡單但精闢的五階段模式列出人類動機的型態，從滿足最基本生存需求的動機到最高層級的創意、問題解決、自發性、與他人連結、使命、道德和倫理，這些都是快樂的重要需求。

滿足這些需求是平衡生活的一部分。只要我們重視基本生存和健康、自由玩樂、大膽探索、建立社會連結、全心貢獻和持續挑戰，就能為快樂的關鍵決定因素打好基礎。

有趣的是，一項針對英國和美國福址進行的綜合研究顯示快樂在一生中的變化呈一條U形曲線。許多像我們這種年齡的父母正處於曲線底部。美國男性與女性對生活最不

馬斯洛的需求層次理論

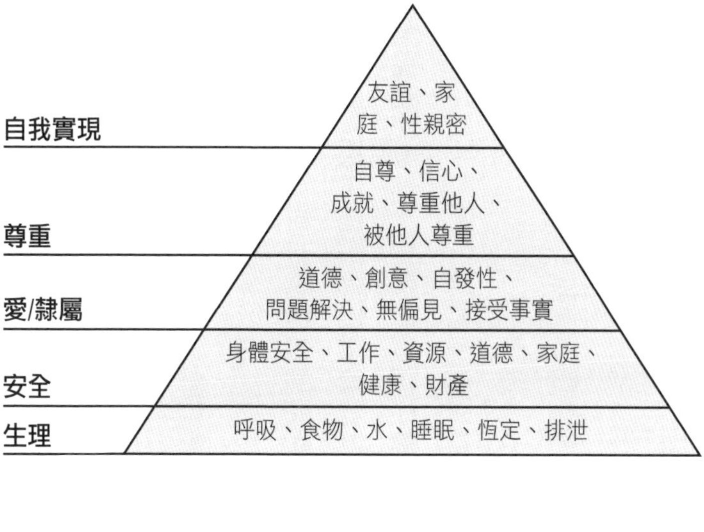

滿意的年齡分別是在四十九歲和四十五歲，歐洲男性與女性也呈現類似數據（分別是四十四歲和四十三歲）。過了這個低點之後，U形曲線往上的可能原因是一個人放棄了年輕時代的理想，反而更能享受人生。我常常思考在最不滿意生活的時期養育孩子，會對他們未來的快樂造成什麼影響。

「幸福不是製作好的成品，它存在於你自身的行動中」第十四世達賴喇嘛如是說。

亞倫在十三歲時被轉介來我這裡。他顯現出對事物逐漸失去興趣的症狀，成績也變差，他的小兒科醫師懷疑他得了憂鬱症。

一如往常，我先瞭解他的過往經歷。我瞭解愈多愈發現亞倫並沒有真的得到憂鬱症，但他的確不健康、不快樂，沒有走在成功的道路上。我問亞倫生活中什麼事讓他壓力很大，他列出一大串：「我的理科老師爛死了，辯論比賽快要到了，每件事都好無聊，爸媽總是介入我的生活。」

我給了我平常的回應：「謝謝，我懂了。還有嗎？」

經過了長久的靜默之後，亞倫明白我願意等他的回答等到天荒地老，因此他輕聲補充說：「還有，我哥哥亞當被選進橄欖球校隊。」

「好，」我說，「現在把這些事情評一到十分，十分代表讓你壓力最大。」

以下是亞倫評分的結果。理科老師=九分：「我的老師完全毀了我唯一喜歡的科目。她只會讓我們死背知識，不做實驗，也幾乎不讓人問問題。」辯論比賽=四分：

「這件事沒有讓我壓力那麼大。只要再多練習一點就沒問題。我很擅長辯論，但做這件事不會讓我快樂。每件事都好無聊＝九分：「既然理科被毀了，已經沒有什麼事讓我感興趣。反正一切都沒意義，只會讓我最後變得跟爸媽一樣，他們根本不快樂，像滾輪上的倉鼠瞎忙。」哥哥被選進橄欖球校隊＝十分：無話可說。

之後在另一場療程裡，我請亞倫的父母列出他們認為帶給他壓力的事情並評分。我稱之為「配對遊戲」，它通常會顯示出父母對孩子壓力來源的錯誤認知。亞倫的雙親一開始僅列出他的理科老師和辯論比賽為可能的壓力源，因此亞倫提供自己的清單做為補充好讓他們為其他項目評分。以下是爸媽評分的結果。理科老師＝五分：「他的成績很好，所以應該不會糟到哪裡去吧。」辯論比賽＝九分：「他一定壓力很大。」每件事都好無聊（而且他的父母一點也不好玩）＝五分：「他該有的東西都有了，我們甚至才剛買給他新的iPad！」哥哥被選進橄欖球校隊＝四分：「他或許有點嫉妒吧。」

當我們進行交叉比對時，亞倫對父母的反應並不驚訝，但他們對亞倫的評分大吃一驚，特別是「哥哥被選進橄欖球校隊」被評為十分這件事。他們自動認為亞倫嫉妒亞當，甚至試著安慰他，說他應該以哥哥為傲，因為「你有一天也會跟他一樣進橄欖球隊。」但亞倫的問題不在於嫉妒，而是在於他很擔心哥哥。他知道亞當去年偷偷試用了一輪類固醇，他擔心現在亞當每週要練十五小時的橄欖球再加重量訓練，還有他已經滿到不行的課表，可能會撐不住這種壓力。亞當已經出現壓力大的跡象，也變得更加易怒。不過，撇開擔心不談，最重要的是亞倫非常想念哥哥。他們兄弟倆只差兩歲，自學步開始就睡同一個房間，還常常睡同一張床。小時候都玩在一起，可以說是彼此最好的朋友。亞倫並不嫉妒哥哥；他是很難過也很擔心他最重要的人際連結，而這件事讓他不快樂。

為了應對這個問題，亞倫開始重新調整生活的平衡，感覺也變好了。亞倫的父母在他表現和想要獨立的地方不再那麼緊迫盯人和施加命令。不過，在他的請求下，他們幫助他跟老師溝通，希望理科課堂能夠提供更多創意體驗。在她的配合之下，他們幫亞倫找了一個由當地大學研究生帶的課後科學輔導班。亞倫從他們身上學習，也開始替一、二年級的學生設計簡單的實驗。他用曼陀珠糖果和可樂罐蓋火箭，也做紙飛機；這些活動讓他感受到學習的興奮感以及與他人分享的喜悅感。亞倫繼續留在辯論隊，但一年後決定逐漸淡出，好空出更多時間給理科。

亞倫的雙親幫助他和哥哥找時間相處，他們則好好享受自己的嗜好：爸爸打高爾夫，媽媽在大自然中健行。全家都稍微放慢腳步，共度更多時光。兄弟倆一星期一起打一次籃球，全家試著一星期一起吃幾天晚餐，但這是個挑戰。最可行的方式是在週末聚聚並安排週六早上一起吃早餐。雖然大家到了星期五都筋疲力盡，但亞倫會睡在哥哥房間，到了早上他們都會抱怨另一個人「霸佔所有枕頭」。他們不會聊太多，但亞倫說只要待在哥哥身邊就有助於他解除心中緊繃的情緒。

有了時間玩樂和探索之後，亞倫開始尋找最佳自我。他設計實驗、與他人分享，重建與父母和哥哥的情感連結，變得很快樂。他很興奮能夠做他喜歡做的事，發現自己因此可以更投入在所有學校科目中。他的成績連同整體健康和表現都進步了。亞倫（和他整個家庭）在每個層面都變得更快樂。

我在這本書從頭到尾一直想闡述一點：培育孩子成功的方法不是給他們「一切最好的」，而是讓他們養成必備特質來追求健康、快樂、充滿動機和真正成功的人生。

當我開始寫這本書的時候，我和家長坐下來請他們告訴我，他們打從心底希望孩子得到什麼樣的未來。大部分的父母都會說出以下其中幾樣：良好的品德、聰明、創意、貢獻、愛、成功和快樂。這些特質聽起來比較像海豚而非老虎。

第十一章

回歸人性

我的鄰居凱特在我女兒四週大的時候來看我。她帶來好吃的水果沙拉，我煮了我特製的印度香料茶。她抱起寶寶，說抱新生兒有多令人感到平靜，而我則享受著產後的成人陪伴。

正當我為了煮茶在燒開水並伸伸懶腰時，凱特開始數落十六歲女兒莎曼珊的不是。莎曼珊的行為愈來愈失控，凱特已經束手無策。她女兒雖然是一名很有天分的體操健將，成績也都拿全A，但根據凱特的說法「失去動機」、不快樂，還會對父母發脾氣。

最近的問題是莎曼珊想要花更多時間跟朋友在一起，包括她去郊外踏青認識的「環保熱心人士」。凱特認為把時間花在課業和練習以外的事情上對莎曼珊有害。或許最令凱特恐慌的是大學入學申請即將開始，她怕莎曼珊毀了過去付出的所有努力，上不了前幾志願。

凱特至少用五種不同的方式說了五次：

「我真不知道該怎麼辦！」我知道她希望我告訴她該怎麼做，如同許多處於這種時刻的家長，尤其我又是青少年動機的「專家」。但莎曼珊不是我女兒，我也不是凱特，她們的家庭不是我的家庭。所以我怎麼可能知道怎麼做對她和家人最好？

我盡量以身作則。我不太會告訴別人該怎麼做，而是引導他們找出自己的動機和解決方案。對於哪些方法可能有幫助，我當然有一些想法，但我也知道凱特可以自己解答。所以我問她：「你的直覺告訴你什麼？」

「我好困惑，」她嘆氣說。「我以為我終於明白一些道理，但讀了某個跟我情況類似的媽媽寫的部落格又亂了方寸。所以我不相信我那所剩無幾的直覺。」

凱特這麼說的當下，動作卻完美的符合直覺，我差點笑了出來。她輕輕的把我剛出生的女兒抱在懷裡搖著，講話輕聲細語，寶寶一扭動她就溫柔的把自己的臉頰貼在寶寶的臉頰上，還不時聞聞寶寶的頭說：「啊，這味道真令人放鬆。」

在跟我的寶寶相處時，凱特完全順從直覺，自然到自己都沒發現！我一指出這一點她就停下了動作，看著新生兒，再用疑惑的表情看著我，說：「為什麼我一遇上女兒，直覺全都不見了？」

當然，凱特的直覺沒有「不見」。它們一直都在同一個地方等待父母利用：內心深處。我這麼告訴凱特，她回答：「現在我唯一擁有的直覺是把莎曼珊鎖在家裡，或把她送去內布拉斯加的小鎮跟阿公阿嬷住。這樣不對吧？」沒錯，這樣不對。把莎曼珊鎖在家裡或送走的直覺是典型的戰鬥或逃跑反應，由恐懼驅動。問題在於我們因為恐懼、疾病、寂寞等等失去平衡時，直覺也會跟著失靈。

直覺（intuition）是不經由意識處理、思考或觀察的知識。相較之下，本能（instincts）則是不經由意識處理、思考或觀察的衝動行為。直覺和本能互有關聯，經常被交替使用。當我問患者他們的直覺是什麼，我其實是在問下面這件事：我想要挖掘出促使他們做出特定行為的先天知識（innate knowledge）。

問題在於我們失衡時，本能容易把我們引導到錯誤的方向上。恐懼是本能走偏最糟的原因之一，這正是因為我們的大腦在害怕時會戰鬥、僵立或逃跑。在生死存亡之際戰鬥、僵立或逃跑很合理，但面對青少年在這個年紀就是會做的事情不該如此。（雖然你可能覺得跟生死存亡沒兩樣！）凱特需要連結的是直覺，它從不源自於恐懼。直覺是我們與生俱來的先天知識，只能透過冷靜覺察來取得。本能有可能是錯的，但直覺一定是對的。

我再次看著凱特，她從滔滔不絕中喘一口氣，在寶寶開始打瞌睡時身體左右擺動。她就像是兩邊重量一樣的天平，緩緩達到平衡。她原本聳得高高的肩膀放了下來，糾結的眉心也舒展開來。我端出凱特帶來的水果沙拉，倒了兩杯印度香料茶，準備一碗堅果，再幫我們兩個各倒一杯水。

「在你做任何事之前，我要你先深呼吸一口氣，」我對凱特說。她照做了，擺動的動作益發平穩。「現在來吃點東西、喝個茶吧。」

凱特坦承她很久沒睡好了，整個早上都籠罩在緊繃的壓力下，完全沒進食。她在沙發上坐下，熟練的單手抱著寶寶，小女娃兒的頭輕輕靠在她的肩膀上。（她完全知道怎麼應付嬰孩！）凱特喝了一杯水，津津有味的吃著混合水果，然後小口咬著堅果。

「我真的需要好好吃東西，」凱特說。「我都沒發現自己餓壞了。現在感覺實在好太多。」

「我想知道你在讀那個媽媽寫的網誌之前有什麼想法，」我催促著說。

凱特停下動作，臉上再度浮現焦慮神情，彷彿正在猶豫該不該告訴我一個看起來很蠢的想法。但既然她已經感覺比較自在，最後便娓娓道來。

「當時我坐在書桌前看著堆積如山的大學申請資料，心想莎曼珊（和我們其他人）真的要很拚才上得了她的前幾志願。但就算如此，能不能上也要看運氣。其實她因為肌腱炎的關係必須少練競技體操，醫生一直很堅持這一點。可是我們什麼事都沒做，因為我們知道那樣一定會影響她進好學校的機會。不過這不是重點。我發現——我知道這聽起來很蠢——她不管上哪一所學校都沒差。每一所都很好！而且我知道她不管在哪裡都可以表現很棒。」凱特哭了出來。我心中的淚水也一湧而上。

「真不敢相信我這麼說，」凱特恢復正常呼吸之後表示。「我指的不是她上不了好學校，而是我說我知道她不管在哪裡都可以表現很棒。我不敢相信我從沒這樣跟她講過。從來沒有人講過！難怪她會把自己繃得這麼緊。這可憐的孩子被我們所有的期望壓得喘不過氣。」

當然，凱特的直覺在她給自己機會重獲平衡之後再度發揮作用。我不必多說什麼，她便自己想通。我們人類很厲害的！

和直覺重新連結

老虎和海豚兩種比喻並不代表兩種不一樣的人。我們只要處於平衡狀態就是海豚，不平衡就是老虎。

擺脫老虎、帶出海豚是一個過程，它跟所有過程一樣，背後的動機都不同。某一天，我可能遇到另一個海豚媽媽，覺得自己選擇當海豚好棒；隔天遇到一個死硬派的虎媽對我齜牙裂嘴，我好怕自己的孩子被她的孩子吃掉，所以故態復萌。再隔一天，我去大學教課，（又再一次的）確認沒有人喜歡老虎（連他們自己都不喜歡），所以我重新回到海豚模式。反反覆覆、跌跌撞撞和起起落落都是過程的一部分。矛盾的是，我們複雜的大腦讓我們特別容易在平衡和不平衡之間來來回回。

如果我們跟老鼠或爬蟲類一樣，人生就輕鬆多了！雖然爬蟲類腦跟我們比起來小很多，但牠們很少拋棄幼子，可是人類會。一個可能的解釋是爬蟲類簡單的腦袋不會傳遞混亂的訊息，但人類極為複雜的腦袋總是把自己搞糊塗！爬蟲類腦只依照本能運作，人腦則複雜到要是不整合，混亂訊息或個別部位可能就會奪得控制權。舉例來說，由恐懼引發的本能像是戰鬥、僵立或逃跑是由腦部一個叫做杏仁核（amygdala）的區塊驅動，這些本能可能導致我們忽視或輕視來自前額葉皮質（腦部的思考區域）的邏輯或情緒資訊。我們可能看到蜘蛛會驚慌失措，即使邏輯告訴我們牠無害。相較之下，我們在環境中（例如：學校、社會、家庭）學到的經驗可能導致我們做出跟最基本的睡覺、休息和玩樂等本能背道而馳的行為。

在所有動物當中，似乎只有人類沒睡飽、沒喝足夠的水、沒有均衡飲食，而且會做出邊開車邊打簡訊的瘋狂蠢事，或是對著孩子大吼：「給我冷靜下來！」我才聽到一個故事說有一名男子因為試圖打破自己的摩托車競速世界紀錄而身亡。雖然幾乎是必死無疑，他卻還是執意賭命。只有人類會做出這種沒道理的事。

我們和低等生物不同，天生就會以整合的方式運用直覺加上從高階學習中獲得的知識。直覺來自於先天和習得的知識。直覺知識會透過現實經驗慢慢微調。直覺讓資深警官感覺犯罪現場有地方不對勁；直覺讓有經驗的心臟科醫師在不做任何檢查的情況下察覺某個病人患有心臟病；直覺讓教了二十年書的老師在某個學生上學第一天就得知他的學習方式異於常人。

直覺需要左右腦整合，左腦的聚焦和分離必須和右腦的同理心和合一連結。直覺也需要下層大腦（杏仁核）和上層大腦（前額葉皮質）之間的整合。但直覺所包含的東西可不只大腦。事實上，一般認為「人類的直覺系統」並非來自於腦部某個區域，而是整個大腦和其他身體部位的整合，包括心臟和腸子。這還滿合理的，畢竟我們實際上都有過來自「腸子」（gut instinct）或「心臟」（know something in our hearts）的直覺。

更勁爆的科學還在後頭。有愈來愈多的證據顯示腸子和心臟擁有自己的迷你腦！腸腦（或腸神經系統）包含超過一億個神經元，形成網狀連結嵌入在腸道內壁。它被稱為「第二大腦」，負責與中央神經系統（大腦與脊髓）溝通，但也可以自主運作，因為它驚人的具備所有能夠整合的神經元類型。這個系統囊括超過三十種不同的神經傳導物質，其中大部分都跟大腦裡面的一模一樣，像是多巴胺和血清素。事實上，人體百分之九十五的血清素存在於腸道中，它是睡眠、精力、專注、胃口、情緒和心情的知名調節劑。

在一九九一年，科學家發現心臟擁有一個複雜的系統，包含神經元、神經傳導物質、蛋白質和支援細胞，它像大腦一樣運作，可以與中央大腦連結或獨立行事。這個「心腦」具備四萬個感覺神經元，將資訊傳遞給中央大腦，而心臟傳送給大腦的資訊比大腦傳送給心臟的多。心腦有短期和長期記憶，它傳送給大腦的訊號可以影響我們的情緒經驗。或許就是心臟散發出電磁場才會讓我們在直覺上知道一個人具有好或壞的能量。

這一切是怎麼連結在一起的呢？腸道和心臟裡的神經元會透過一個稱為「迷走神經」（vagus nerve）的強大路徑跟大腦溝通。「vagus」這個字來自拉丁字根「遊走」（to wander），例如：流浪漢（vagabond）。這條神經路徑會在身體各處遊走，為大腦蒐集和傳達身體器官（像是腸子和心臟）狀態的感覺訊息。事實上，約百分之九十的迷走神經纖維只會將訊息單向從腸道傳送至大腦。因此，來自腸子和心臟的感覺可能比經過認知解讀出來的還要正確。我們的腸子和心臟會先知道某些事情。舉例而言，迷走神經分布在喉嚨和內耳，可以比大腦更快從另一個人的聲音當中「聽到」恐懼，即使對方看起來十分冷靜。利用功能性磁振造影（fMRI）檢視大腦血流的研究發現我們的周邊（身體）血壓在預知危險時會比大腦血壓先升高。

焦慮會讓心跳加快、腸胃不適，壓力則會影響血壓和胃口。我們以為這些過程都是單向的，從大腦到身體，而非相反。最新的科學告訴我們身體和心智連結及整合以形成直覺的方式有無限可能性，而直覺是健康、快樂和成功最可靠的來源。

雖然我們可能錯誤解讀直覺，但直覺本身是不會錯的。產生直覺的複雜系統擁有互相連結的過程，其中少不了邏輯學習的左腦、情緒直覺的右腦、迷走神經、心臟、腸子，當然還有我們的感官環境，包含其他鏡像神經元以及它們的電磁場！

在人類史上的大部分時間，我們只依賴直覺而活，它整合先天知識以及從當下環境中得到的學習。我們的老祖宗過著漁獵採集的生活，沒有網路可以搜尋竅門，而是自己學習有關數百種植物和動物的知識，搞清楚哪些食物可吃、有毒或具療效。人類學家形容漁獵採集是「人類所知唯一穩定的生活方式」。

我們現在的年代可說是人類所知最不穩定的，因為我們常常與直覺脫節。我們若根據恐懼做決定會陷入真正的麻煩。遺憾的是，二十一世紀的挑戰伴隨古老的教養難題會激起恐懼，但或許這些恐懼被放大太多了。因此，我們被恐懼控制住，讓下層大腦掌握主導權，把許多其他驅動力像是睡眠、玩樂、連結等等擱置一旁。我們可能不瞭解的是生活在恐懼中會讓我們嚴重失調，看不清真正的危險。以我有毒癮的患者為例。他們很多人深陷毒海，可能賠上性命，而父母根本來不及發現。我們也看不清自己身為人類的需求：生存基本所需、玩樂與探索以及社群與貢獻。令人訝異的是，這些需求就算擺在過度聚集、過度保護和過度競爭的分心父母面前，他們還是視而不見。當然，父母的壓力很大，在這樣的情況下有時候很難深呼吸、保持冷靜和運用直覺把注意力放在真正重要的「大局」。不過，現在比以往任何時候都還需要這麼做。

身為父母，我們每天都面臨數不清的決定。我應該叫他起床還是讓他多睡五分鐘？我要怎麼在趕著女兒去上學的同時處理她的惡劣態度？我這次應該當作沒這回事嗎？我應該好好告訴她，我提醒她要帶教科書是在幫她，還是現在就制止這種差勁的態度？我該不該在辦公室多留一個小時把工作做完？我該買什麼麵包？無麩質、無小麥、全穀、七穀、黑麵包、白麵包還是營養麵包？例子永遠列不完。身為父母，我們要怎麼每天都很有邏輯的將所有決定思考過一遍？我們無法這麼做；如果能和直覺連結，也不需要這麼做。

不堪負荷所帶來的困惑會啟動下層大腦的恐懼模式，促使本能做出戰鬥、僵立或逃跑的行為。我們只要有意識的選擇就可以做得更好並讓全腦運作。當我們聞寶寶的頭，蹲下來跟孩子說話，或自然而然的抱抱孩子時，就是在某種程度上和我們不瞭解的先天智慧做連結，但我們也不太需要去瞭解，跟海豚一樣。我們可以選擇培養直覺和真正的內在本質。別擔心，你偶爾還是可以陷入恐慌，讓下層大腦動一動，或是讀讀教養部落格和書籍（謝謝你買了這一本！）當作左腦的精神糧食。不過，如果你能平衡和整合大腦和身體的每一個部位，把注意力集中在直覺上，就能更容易也更自然的做出好決定。

海豚父母：平衡全觀法

海豚父母努力達到平衡與全觀，他們整合先天智慧以及從環境中得到的知識，跟著直覺走。海豚父母知道二十一世紀的教養很容易就會失衡，因此孩子也是。他們可能會跟自己說：「是的，我看到其他人都這麼做，但我覺得就是不對，對我的家庭也沒有意義。」海豚父母時時刻刻都在適應瞬息萬變的世界，同時順應生物機制，在價值觀上不會妥協。我們來回顧一下二十一世紀的教養壓力並思考海豚父母會怎麼處理：

・**海豚父母是威信型而非獨裁型父母。**海豚父母不會因親子之間有代溝便退縮，也不會成為縱容型的水母或獨裁型的老虎。

・**海豚父母欣然接受全球化。**海豚父母鼓勵孩子社交、建立人脈、溝通、合作、競爭以及與來自不同文化和國家的孩子交流。他們知道未來的全球與文化會一直保持互相聯繫，在社區、學校和職場上適應多元性將有助於培養文化智商。

・**海豚父母知道科技歷久不衰。**海豚父母會跟孩子溝通科技的力量和危險，並引導他們適當和有效使用；鼓勵孩子以平衡的方式運用科技，樂見孩子藉此提升CQ；勸阻孩子不要不留心、不負責任和不平衡的使用科技；透過設定限制和堅持原則來為孩子建立健全的心態，但仍跟上科技快速變遷的腳步。

・**海豚父母利用媒體來獲得資訊和娛樂，但有所節制。**海豚父母深知二十四小時新聞循環、真人實境節目、社群媒體和電視廣告都會為我們已經壓力很大的生活增添恐懼和焦慮。他們不會想都沒想就買下最新的教養祕笈或報名最新的活動，而是會先深呼吸幾口氣，衡量好壞以及自己的價值觀。如果他們真的被這麼多的廣告和噱頭搞糊塗或引發衝動，會去尋求其他資深同伴的建議。

- **單親或家庭支持不足的海豚父母會將群體的組成視為優先。**海豚父母會接觸其他群體成員，合力進行教養活動，像是看顧和接送小孩。他們有創意的共同合作，組織社群並堅持目標，即使很花時間。同時他們相信直覺，在讓孩子被其他人影響之前先建立信任感。
- **海豚父母會想辦法解決主要問題以達生活與工作平衡。**海豚父母不會讓自己蠟燭兩頭燒到只剩灰燼。他們可以接受不完美，採取步驟減輕負擔，必要時尋求或給予幫助。
- **到了學校入學申請階段，海豚父母會做最好的打算和計畫。**對海豚父母而言，「最好的」學校並不一定是排名最前面的學校，而是最適合孩子的學校，讓他們最能夠適性發展。海豚父母會考量哪些學校的申請過程不會傷害到孩子的健康、快樂、動機或CQ，也知道童年是人生唯一的基礎，因此平衡的童年加上足夠的生存活動比什麼都還重要，包括哈佛。難道這意思是說，海豚父母不應該把目標放在讓孩子進一流學校？當然不是！海豚子女總是能夠「申請上」。他們自己很清楚，要在短期和長期勝出的最佳方法就是保持健康與平衡，並運用CQ適應環境。我們先停下來想像一下，如果大學入學申請程序變得不一樣，我們身為父母會怎麼樣、孩子身為獨立成年人會怎麼樣、這個世界又會怎麼樣？想像一下，假如在過了某個學業門檻之後，申請入學時唯一會被問到的問題是「你曾經做了什麼讓世界變得更好？」人類共同的未來會如何？想像一下，我們把所有時間、金錢、精力和資源都花在讓世界更好，而非收到「錄取信封」。這時我們才能看見人類心智與精神的真正潛力，為所有人打造一個更美好的未來。

・**海豚父母選擇海豚之道**。海豚父母運用直覺，並藉此看到孩子的本質。他們把注意力放在親子的情感連結，有效利用這一點來引導孩子。海豚父母自己會維持平衡的生活方式和深呼吸。他們知道平衡、直覺、以身作則和引導是最有效的教養工具，因此會據此行動。這些工具是我們生物機制的一部分，也是我們原本就會做、被驅動去做而且會得到獎勵的事。獎勵是為人父母看到子女健康、快樂、積極和真正成功時所感受到的那股喜悅。若「感覺不對勁」，海豚父母會視為警訊，注意自己是不是與直覺背道而馳，即將失去平衡。他們腳踏實地的養育孩子，隨時隨地適應不斷改變的現實環境。他們對孩子有最高的期望，也就是在人生各個層面都能獲得成功。海豚父母為自己和子女創造一個能夠徹底實現自我潛能的人生。不過，撇開這些崇高目標不談，他們的教養方式比老虎教養簡單多了。如你所知，簡單不代表容易，但力量卻是最強大的。

把待辦事項清單丟掉

我們處於平衡狀態時會是什麼樣子？我們不會過度安排行程、過度逼迫、過度指示和過度緊迫盯人。我們不會把人生看作是一場競賽，而是一段波瀾起伏的旅程。我們不會有壓力要比得上周遭的人。我們不會過度聚集、過度保護和過度競爭。我們會把睡眠、健康飲食、喝水、保持活力和深呼吸擺在前頭。我們會瞭解世界正在改變，有必要適應而非走回過時的老路。我們會重視CQ勝於死記硬背的學習，才能適應並更加完整的展現我們獨特的特質。我們對玩樂和探索的重視程度就跟傳統學習一樣多。我們會和社群保持聯繫並做出貢獻；藉由為大眾著想，我們讓孩子知道怎麼去跟他人產生共鳴、找到身分認同、建立信任、得到尊重、負責任以及關懷他人與周遭世界。我們會讓孩子自己作決定，即使不會是最好的決定，因為控制點和驅動力存在於孩子而非我們心中。我們會讓孩子和自己都過得健康、快樂、積極和成功。

相信我，我知道這一切說的比做的容易。我衷心期許這本書沒有讓你覺得待辦事項又增加了。希望我已經幫助你思考什麼才是最重要的——只要我們順應直覺，便能水到渠成。這些事情不需要被寫下來，也不用別人指導。

這本書可以做為指導手冊，你需要支援時就隨時閱讀。記住這一點之後，我要再跟你分享幾個想法，幫助你開啟接下來轉變的旅程。

首先，任何需要改變的旅程都是顛簸的。但每一次的顛簸都會讓你變得更堅強，更接近真正的轉變。我都會跟我的患者說明以下旅程的四個階段，每進入下一個階段就更接近轉變的目標：反應（response）、緩解（remission）、復原（recovery）和再生（renewal）。舉例來說，你對這本書的反應可能是立即減少老虎行為。接著是緩解，也就是老虎症狀不見了（但仍有復發的風險）。然後是復原，老虎永遠消失，你也再次找回平衡和自己的本質或「原本的自我」。如果你真的長期保持平衡生活，你會再生，感覺比以往都還要好，獲得人類真正的活力。

為了幫助你走過這幾個階段，你要做兩件事。第一，在群體中找幾個夥伴。研究顯示，如果有人跟你一起經歷改變的過程，通常對你有好處（不管是減重還是戒菸）。你可以在www.thedolphinway.net找到夥伴，我也會在那裡跟你一起力爭上游！第二，找一個典範，某個你想要效法的家長和人。可以是你的朋友、點頭之交或知名人物。這個典範是你在卡住時會想到或打電話給他的人，或是讓你自問：「某某某在這個情況下會怎麼做？」

最後以及最重要的是，記得你身為父母真正的用意：養育一個健康、快樂和真正成功的孩子。健康擺在第一位，因為它是人生一切的基礎。平衡的生活方式是確保健康的最佳方法。在這個壓力龐大的世界裡，平衡和健康必須是所有家長的明確目標，而且不該被視為理所當然。再來是快樂。它很簡單：如果孩子不快樂，你也不會快樂，直到以及除非你知道孩子再度開心起來，這種痛苦才會止住。從變成父母的那一刻起，我們的快樂就永遠跟孩子脫離不了關係。你現在應該已經知道，我指的成功並不是單一狹義的在紐約、倫敦或香港找到工作這種事。成功是讓健康（身體、心靈和社交）、自我動機和快樂達到頂點，只要瞭解自我、社群以及該如何為世界做出獨特貢獻，成功的甜美果實就會隨之而來。

每次我失去平衡或在一個狀況中對自己的意圖感到困惑時，我就會想起我的父母以及他們教養和生活的方式。我以前覺得我有一個好母親，儘管她很單純，沒受過教育又不識字。但是現在我覺得我有一個好母親，正是因為她如此單純、沒受過教育又不識字。或許這讓她得以維持和發展與生俱來的直覺，發揮大自然賦予所有人類的知識和智慧。在巨大的生活壓力之下，她還是能夠屏除所有雜音，專注在最重要的事情上，因為她運用了直覺。她重視常識和「街頭智慧」的程度等同或多於書本智慧。她從來不做「感覺不對」的事，特別是在養育子女方面。她在成長過程中學會向內而非向外尋求解答，這為她帶來平衡。我的母親是個很有靈性的人，她稱直覺為靈。不管它是什麼，或你想怎麼稱呼，答案永存於心，即使這個答案說你需要外在協助或引導。不管你相信的是更高的存在、演化、宇宙、大自然或隨機的混沌，我們都可以同意所有動物天生就具備知道該怎麼做的能力。

既然現在該知道的都知道了，我們便不需要老虎或海豚的比喻，因為人類完全有能力擔任絕佳父母，甚至比其他任何動物都做得還要好，多虧了厲害且複雜的生物機制。我們天生就擁有動機。此外，健康、快樂和適應力是人類的原廠設定。父母有很多東西可以讓孩子學習，但身為父母，我們也有很多事情需要從孩子身上學習。孩子證明了活力、愛和好奇心都是人類天性，也證明我們都應該好好睡覺、活動筋骨、在外玩耍、探索世界、建立連結以及互助合作。孩子提醒我們存在本身就是一種純粹的喜悅。要成為好的父母只需要配合直覺行事。有了天性做後盾，我們可以充滿愛的引導孩子邁向健康、快樂以及人生各個層面的真正成功。這一點其他任何動物都比不上。

family field
親子田 親子田系列 027

哈佛媽媽的海豚教養法

The Dolphin Parent:A Guide to Raising Healthy, Happy, and Self-Motivated Kids

作　　者　席米・康（Dr.Shimi K. Kang）
譯　　者　洪慈敏
總 編 輯　何玉美
選 書 人　陳鳳如
主　　編　陳鳳如
封面設計　東喜設計
內文排版　菩薩蠻數位文化有限公司

出版發行　采實文化事業股份有限公司
行銷企劃　黃文慧・陳詩婷・陳宛如
業務經理　林詩富
業務發行　吳淑華・林坤蓉・張世明
會計行政　王雅蕙・李韶婉
法律顧問　第一國際法律事務所　余淑杏律師
電子信箱　acme@acmebook.com.tw
采實粉絲團　http://www.facebook.com/acmebook

I S B N　978-986-94767-1-3
定　　價　360 元
初版一刷　2017 年 7 月
劃撥帳號　50148859
劃撥戶名　采實文化事業股份有限公司
104 台北市中山區建國北路二段 92 號 9 樓
電話：02-2518-5198
傳真：02-2518-2098

國家圖書館出版品預行編目資料

哈佛媽媽的海豚教養法 / 席米・康（Dr.Shimi K. Kang）著；
洪慈敏譯. -- 初版. -- 臺北市：采實文化, 2017.07
面；　公分. -- (親子田系列；27)
譯自：The Dolphin Parent:A Guide to Raising Healthy, Happy, and Self-Motivated Kids

ISBN 978-986-94767-1-3 (平裝)

1.親職教育 2.育兒

528.2　　106006563

采實出版集團
ACME PUBLISHING GROUP